СЯРЖУК
СЫС

СЯРЖУК СЫС

DOM

ПАЭЗІЯ ВЫГНАННЯ

2021–2023

Skaryna Press
London
2024

Сыс, С.
DOM : паэзія выгнання 2020–2023 / Сяржук Сыс. —
Лондан : Skaryna Press, 2024. — 135 с.

Кніга вершаў "DOM" — гэта экзістэнцыйны паэтычны экскурс у няпростыя часы, якія закранулі Беларусь пасля 2020 года, тонкія псіхалагічныя экспрэсіі аўтара пра ўцёкі з радзімы праз пяць краін, пачатак расійскай агрэсіі ва Украіне, спроба асэнсавання рэчаіснасці ды пошукі новага месца ў жыцці.

ISBN 978-1-915601-29-2 (paperback)
ISBN 978-1-915601-30-8 (epub)

Рэдактар: Алег Мінкін
Мастак вокладкі: Віктар Пелецкі
Тэхнічны рэдактар: Ігар Іваноў

Copyright © Сяржук Сыс, 2024
Copyright © Skaryna Press, 2024

ЧОРНЫ ПЛЕД

Прадмова-эсэ

Усё, што засталося ў мяне ад ранейшага жыцця — чорны плед. 180 на 200 сантымераў сінтэтычнага ілюзорнага цяпла.

Гэтым пледам нядаўна ратавала мяне ад начнога лютаўскага марозу маладая нігерыйка Зэмба, убачыўшы скурчаную постаць пад плотам на ўкраінска-польскім памежным пераходзе ў Шэгінях. Дагэтуль памятаю, як уначы, пры месяцовым святле, ярка свяціліся бялкі ейных вачэй. Дзяўчына проста падыйшла, спынілася і накінула мне на спіну чорны плед.

Вунь ён ляжыць, скамечаны, у куточку канапы, чакае, калі я распрастаю яго, укрыюся, сцішуся, ратуючыся ад холаду ў сваёй нятопленай віленскай кватэрцы.

Пакрысе саграваюся і, здаецца, вось-вось засну, аднак плед патрабуе плаціць за сон успамінамі, прымушае вярнуцца да цяжкіх дзён і начэй, да суровых прыгодаў, якіх давалося напоўніцу пакаштаваць за апошні час тройчы бежанцу і выгнанніку са сваёй радзімы.

* * *

Вечарам 23 лютага ў курортным Моршыне, дзе, падаецца, назаўсёды застыў час, мяне агарнула невыносная трывога. Патэлефанаваў жонцы, распавёў ёй аб прадчуваннях хуткай вайны. Сказаў яшчэ і пра тое, што ў Чарнігаў, дзе я атабарыўся пасля ўцёкаў з радзімы, пакуль вяртацца не буду.

Яна адказала, маўляў, навошта? Як ты кінеш без дагляду кватэру, майно, кнігі? Тады ж, адразу, як працяг той сумбурнай размовы, напісаўся верш. Ты што, плед, ня ведаў — паэты часам бываюць прарокамі?

*Па трасерах рваных
пульсуючых ліній
белых, чырвоных і сініх...
вяртаецца час наш
у павуцінні
вулак і грукату ботаў каваных
па брукаванцы, па крыку,
па згубленых фотках каханых...
Бачыш, за небам халодныя дрэвы —
нашыя цені, напаўжывыя?
Просяцца ў бітву, а ты?
Кажаш пра жоўтыя тэпці
якія дакладна згараць у вагні...
Ну а мы? Божа, нас захіні!
Белыя лініі, сінія лініі,
срэбра на дрэвах...
куля ў грудзях
жах...*

Пад раніцу, ашалелы ад паведамленняў у чатах, выйшаў на балкон з цыгарэтай. Нізка над

Моршынам імкліва прагуло, потым яшчэ раз. Я паспеў іх заўважыць — вялікія шэрыя цені, якія мільганулі перад вачамі справа налева. Я запомніў дакладны час — 6:40. Праз некалькі хвілінаў удалечыні гахнула. Пачалося!

Пазней даведаўся, што расейскія ракеты ўпалі на аэрадром у Івана-Франкоўску.

Праз гадзіну пацыенты санаторыя замітусіліся па паверхах будынка, загрукаталі дзверы, людзкі мурашнік завірыў. Да абеду карпусы прыкметна апусцелі. Знаёмыя — і не надта — пастаяльцы хутка пачалі раз'яжджацца. Нерваваўся і я:

— Што рабіць, вяртацца ў Чарнігаў? Дык там ужо пачалі рвацца бомбы.

Спусціўся на рэцэпцыю і аплаціў санаторную пуцёўку яшчэ на некалькі дзён. Думалася, рускія папалохаюць Украіну і адчэпяцца ад яе. Супраць расейскага ўварвання паўстане ўвесь свет, НАТА. Але захопнікі-зэтаўцы хутка набліжаліся да Чарнігава, абыходзячы яго з двух бакоў.

Яшчэ праз дзень нейкім цудам, паколькі квіткоў не было, выехаў у Івана-Франкоўск да знаёмых, каб вызначыцца разам, што рабіць далей. Тым больш, па-ранейшаму, я жыў ва Украіне без пашпарту. Але ўсё было перадвызначана людзьмі і падзеямі.

Пакуль я чакаў знаёмых у скверыку каля вакзала, там дзе застыў старэнькі паравозік, да мяне падыйшлі сур'ёзныя ўзброеныя людзі, сказалі, што з самаабароны горада. Папрасілі паказаць дакументы. Ну а дзе іх узяць, апроч украінскай посвідкі? Яны выклікалі паліцэйскі патруль. Паліцэйскія на двух аўтамабілях пад'ехалі даволі хутка, ну а як жа, а раптам упалявалі дыверсанта?

Вывалілі ўсе рэчы з заплечніка проста на лаўку. Напачатку праверылі тэлефон, затым папрасілі распароліць ноўтбук, праглядзелі флэшку. Пагарталі кнігі з маімі вершамі. Я пагаджаўся на іх загады хутка, не ў маіх інтарэсах было тут хітрыць.

— Дык ты супраць бацькі выступаў, супраць Лукашэнкі? — запытаўся старэйшы афіцэр, прагледзеўшы фотаздымкі ў тэлефоне.

— Ну але ўсё роўна трэба будзе праехаць з намі ў участак, спраўдзіць асобу і дакумент. Раптам ён звярнуў увагу на нейкія файлы ў ноўтбуку.

— А што гэта ў вас за тэксты? Васіль Стус? Дзе ўзялі такое?

— Гэта пераклады вершаў дэсідэнта Стуса з украінскай на беларускую мову маёй жонкі

— Ну тады, пане Сергію, у нас няма больш да вас пытанняў. Адпускайце яго, хлопцы. Усяго добрага!.. І вось яшчэ што... Неадкладна скіньце свае "піксэлі", бо можаце ізноў нарвацца на праблемы. "Піксэлі" — назва палявой вайсковай формы.

Не было ў мяне тады іншай куртці і нагавіц апроч вайсковых. Калі і хацеў бы пераапрануцца, дык ува што? На шчасце, у той жа дзень дзяўчаты знайшлі для мяне бэжавыя спартовыя штонікі.

А дысідэнцкую паэзію савецкага палітвязня Васіля Стуса перакласці на беларускую мову прасіў жонку беларускі палітвязень Алесь Бяляцкі, які ўжо сам як паўтара года за кратамі, як і іншыя мае сябры і калегі. Яшчэ і Нобеля паспеў атрымаць. А я вось чамусьці збёг. Толькі перш, чым таемна пакінуць Беларусь пасля ператрусаў і затрымання 14 ліпеня 2021 года, я ўзважваў на шалях свайго абвостранага сумлення шмат балючых пытанняў: ці магу я адважыцца "на рывок" у свае шэсцьдзесят, як мне жыць далей без дакументаў, без рахункаў і банкаўскіх картак, без сяброў, сям'і… Адважыўся.

* * *

Каб ты мог чуць мяне, чорны і дапытлівы плед. Ня трэба мне такіх успамінаў… Вазьму вось зараз, скамечу і выкіну цябе ў кантэйнер для рэчаў. Колькі можна цярпець гэткія сінтэтычныя бздуры!

Я ж мог паступіць з табой кардынальна яшчэ ў Пшэмыслі, дзе шпурлянуў пад адхон заплечнік з майном, альбо ў Кракаве нарэшце, там, дзе я пакінуў свае брудныя рэчы, а валанцёркі апранулі мяне ў чыстую вопратку. Урэшце мы маглі развітацца з табой у старадаўнім нямецкім замку Шлосс Броллін, які даў мне прытулак на цэлы месяц. Там шмат чаго засталося з ранейшых, а зараз безсэнсоўных, рэчаў. Ведаеш, бадзяцца па свеце без пашпарту і хоць якога стабільнага "заўтра" з цяжкімі валізамі зусім нязручна.

Не ведаю, чаму я не пазбавіўся цябе раней, а моцна скруціўшы запхаў у свой дарожны заплечнік. Вось так ты і дабраўся да Вільні. Ляжы цяпер, валацуга, са мной побач ды маўчы. Здагадваюся, ты мроіш сваёй ранейшай гаспадыняй Зэмбай. Аняго ж, яе прыемней было б саграваць, чым хворага на ўсю галаву сівога беларуса. Але так сталася. Спрабуем жыць.

* * *

Пасля нечаканага вызвалення ў Івана-Франкоўску, там жа, каля чыгуначнага вакзала, дамовіліся з таксоўцам, які пагадзіўся давезці да мяжы мяне і яшчэ двух беларусак. Грошы ён запрасіў вялікія, ды пра тое ў той момант не думалася.

Блізка да мяжы дабрацца не ўдалося — уся дарога была спрэс запоўненая аўтамабілямі. Заставаўся варыянт прайсці каля дваццаці кіламетраў пешшу. Уся ўзбочына была заваленая пакінутымі валізкамі, торбамі, рэчамі. Бежанцы, стомленыя доўгай дарогаю, кідалі сваё майно ўзбоч шашы, абы толькі дайсці, дабрацца да бяспечнай Польшы. Не магу дагэтуль забыць бясконцы і манатонны пошчак колаў на валізках, які суправаджаў нас увесь гэты доўгі начны шлях. Ты яго памятаеш, плед?

Здаецца, я недзе раней ужо бачыў такое відовішча, магчыма ў якой дакументальнай стужцы пра бежанцаў Другой сусветнай.

"Штурм" памежнага пераходу доўжыўся два з паловай дні. Без сну, прыбіральні, вады і цяпла. Некалькі тысяч людзей сталі на КПП шчыльнай сцяною. Шмат афрыканцаў, індусаў, арабаў, сярод якіх час ад часу ўсчыналіся бойкі за кожны метр запаветнай чаргі. Найболей адчайныя, падбадзёрваючы сябе крыкамі, з разгону кідаліся з коўдрамі на калючку і, акрываўленыя, пераскоквалі на той бок плоту. Абы хутчэй уцекчы ад вайны, ракетаў і бомбаў. Бачыў некалькіх памерлых мужчын, прыкрытых дзяругамі. Целы доўга не забіралі, бо прабіцца праз натоўп медыкам і паліцыі было практычна немагчыма.

Я баяўся другой ночы ў бясконцай і чужой плыні людзей, ня ведаў, ці выжыву, таму што ў першую ноч было вельмі холадна: не было цёплай вопраткі: толькі спартовыя тонкія нагавіцы і летняя куртка.

Украінскія памежнікі ў першую чаргу прапускалі жанчын з дзецьмі. Напрыканцы другога дня людскога хаосу назбіраліся дзясяткі паўтары хлопцаў-беларусаў, сярод якіх адшукаліся і даўнія знаёмыя. Трымаліся сваёй купкай, разам. Зрабілі некалькі імправізаваных КПП, каб не прапускаць без чаргі ашалелую лавіну людзей. Далучылі да нашага блок-паста лібанца і аўтарытэтнага афрыканца, якія дапамагалі тлумачыць парадак найбольш нахабным іншаземцам. Тут было не да паэзіі, трэба было валанцёрыць. Аднак убачанае так і засталося ў вачах дагэтуль, і ня ведаю, ці забудуцца тыя жахі з часам.

* * *

Не спіш, чуеш мяне? Перад вачыма і зараз накрытае тваім братам-пледам, мёртвае цела: можа не вытрымала сэрца, можа задушылі ў цісканіне. Целы не маглі прыбраць адразу — "хуткая дапамога" не магла пад'ехаць, а праз спрэсаваны натоўп было не праштурхнуцца.

Як забыць гэта? Як забыць вочы Зэмбы, якая, магчыма, уратавала маё жыццё табой?

Цяпер я ўжо ведаю, што імя Зэмба перакладаецца як вера... Пазней багата сустракаў афрыканак у розных месцах — Пасэвалку, Варшаве, Шчэціне, Гданьску... Зазіраў ім у вочы, намагаючыся пазнаць сваю ратавальніцу. Але цёмнаскурыя дзяўчаты так падобныя адна да адной для неабазнаных еўрапейчыкаў, што гэта проста немагчыма.

На дзіва, мяне прапусцілі нават без пашпарту. Польскі памежнік сфатаграваваў мяне на свой айфон і сказаў неадкладна звярнуцца ў паліцыю. Па той бок мяжы было збавенне — гарбата, кава, цёплыя рэчы. Нас чакалі валанцёры на аўтамабілях і прапаноўвалі адвезці ў любы польскі горад.

Успомніўся Кракаў, назваў гэтае слова. Удзячны людзям, якія забралі раніцай мяне, бруднага, галоднага і знясіленага з аўтобуснага вакзалу. За тры дні кракавянка Уршуля "прывяла ў форму" знясіленага і зняверанага бежанца: паклала ў невялічкім пакойчыку, дзе я праспаў палову сутак, частавала смачнымі стравамі, дапамагала парадамі. І нават цябе, чорная твая душа, яна ўпхнула ў чэрава пральні, і ты, коцык, развітаўся з пахамі вайны і смерці. Ты не даеш мне забыць усё гэта. Таму і душа твая чорная. Далібог, дзякуй за цяпло, нарэшце засынаю. Але пачакай...

Памятаеш 2 красавіка? Гэта тады, калі ты ажно валюхаў з боку на бок — так спрабаваў вырвацца на волю — дарожную валізу, якую запхнулі пад ложак санітары ў віленскай лякарні, куды я патрапіў з посттраўматычным сіндромам і разладам адаптацыі. Прывезлі тады мяне з Варшавы і адразу запхнулі ў клініку, каб я там падлячыўся. "Санаторый" нічога сабе, адпачыў напоўніцу. Хаця менавіта ў той дзень было дужа прыкра і балюча. Прачытаў, што на Луганшчыне ад мінамётнага абстрэлу загінуў мой сябар, львоўскі культурніцкі дзеяч і паэт Юрый Руф.

"Маю за гонар стаць у шэрагі добраахвотнікаў ЗСУ. Слава Ўкраіне!", — напісаў Юрый на старонцы ў фэйсбуку на другі дзень расійскага ўварвання, 25 лютага 2022 года...

Ён абараняў сваю радзіму ад расейскіх акупантаў, а я перакладаў ягоныя прароцкія вершы на беларускую мову. Цяпер памятаю толькі невялікі фрагмент верша "Алхімія вайны":

*Ператвараецца тут золата на медзь
калібру 7,62.
Гарыць тут тое, што не мусіла гарэць —
і словы, і трава. Свінец пераплаўляеца на кроў
цячэ, бы ртуць.
Нянавісцю гартуецца любоў —
вятры пякуць...*

Ён пісаў гэтыя радкі яшчэ ў 2014 годзе, а праз два гады ў львоўскім "Штаб-кафэ" мы правялі цікавую паэтычную сустрэчу разам з іншымі ўдзельнікамі праекту "Дух нацыі". Апошні раз размаўляў з ім 15 лютага...

Юрыя пахавалі на Марсавым полі, побач са славутымі Лычакоўскімі могілкамі 9 красавіка. А ты, тэкстыльная твая душа, так і застаўся ў сваёй вязніцы, у валізе.

* * *

Затым быў Шчэцін, вакзал і Магдалена. Яна з мужам прыехала за мной з Нямеччыны. Дарогай да замка Бролін узгадваў польскую ды нямецкую мовы, каб падтрымліваць гаворку з ёй і яе мужам-немцам. Разумеліся неяк. А ты тады ціхутка маўчаў, альбо мовяў такіх яшчэ ня ведаў, альбо проста хітрыў.

Незабыўныя тыя дні. Ровар, лясы і журавы, якія патрулявалі заінелыя памеранскія палі. Мой старадаўні сябрук Ігар скінуў аўдыёпаведамленне з Чарнігава, дзе цэлы месяц у сутарэннях хаваліся беларусы, якія не паспелі з'ехаць адтуль у першыя дні нападу расійцаў з горада, калі яшчэ ён не быў заблакаваны акупантамі. Яны там без цяпла, ежы, а часам і электрычнасці, а значыць і сувязі. У голасе

Ігара — заўсёдны ягоны аптымізм, нягледзячы на марныя спробы знайсці хоць які транспарт, каб вырвацца з вогненнага пекла. Бо нават за тысячы ніхто не рызыкуе, паколькі некалькі аўто ўжо былі расстраляныя ва ўпор... Ды і гарантый аніякіх, бо няма "зялёных калідораў". А ён яшчэ і відэарэпартажы неяк умудраўся выдаваць для ютуба. За сценамі маёй нямецкай келлі — вясёлы смех беларусаў, у куточку ложка — чорны плед, мой коцык.

Лічыў, што кашмары засталіся ў мінулым, аднак сённяшняя ноч абрынула мяне з нябёсаў на зямлю.

Ізноў чамусьці снілася Беларусь, ізноў нейкія ўцёкі і перабежкі, ранейшы халодны ліпучы страх. Сігналілі аўтазакі і я, зляканы, бягу ў сутарэнні новабудоўлі. Спрабую падлучыць ноўтбук да інтэрнэту — нічога не атрымліваецца. Затым цёмнае старое гарышча. Тэлефон маўчыць, ніхто не звоніць.

Гляжу ў шчыліны на вуліцу. Бачу, як чорныя людзі вядуць звязаных вяроўкамі сяброў. Яны знаёмыя і блізкія мне. Але дакладна — не паказана. Думка, што нехта з "Вясны".

Крычаць: "Там яшчэ адзін на гарышчы!" Гэта, відаць, пра мяне. Я ізноў бягу. Позіркам лаўлю нейкі афіцыйны будынак. На мяне ўзіраюцца людзі. Забягаю праз калідор у цьмяную падсобку.

Здаецца, там было шмат паламаных зэдлікаў. Хаваюся за вялікай парцьерай.

Імкліва — рвана — далей: у пакой заходзіць мужчына і просіць дапамагчы вынесці тыя зэдлікі. Я пагаджаюся і іду з імі. У вялікай залі мяне хапаюць людзі. Ахінае адчай, што вось і ўсё, папаўся. Сэрца разрываецца ад бяссілля і непапраўнасці.

Затым сярод камуфляжаў пазнаю свайго следчага. Той задаволена смяецца, кажа, ну што, адбегаўся? "Мы цябе вылічылі па білінгу тэлефона. Я ж казаў, што паймаю цябе! Цяпер артыкулаў мы табе яшчэ болей напісалі. Доўга сядзець будзеш". Чаму па білінгу — не разумею. Слова проста запомнілася ў сне. Чаму папаўся? Здрада? Тады я стаў задыхацца... думкі мільгацелі адна за адной: А як цяпер жонка з дачкой? Што будзе з імі? Чаму я ізноў апынуўся ў Беларусі... Мяне нехта выдаў... Але ж я ў бяспецы, у Чарнігаве...

Дзіўны сон... такіх не павінна сніцца, бо ўжо некалькі месяцаў жыву з антыдэпрэсантамі. Лухта несусветная, я ж паэт, а значыць — прарок. Ну можа яшчэ трохі і хітрун. Калі напачатку лютага, амаль штоночы за вакном гулі тэнтаваныя цягачы, якія рухаліся ў бок Беларусі, я разумеў, што гэта знак на вайну. Пераконвала адна акалічнасць — цягачы рухаліся па гарадскіх вуліцах без святла. Можа таму і збег з Чарнігава ў Карпаты.

* * *

Вільня. Ранішняя цямрэча. Мозг перамолвае зараз сам сябе. У галаве круціцца нешта падобнае на бус, які вязе безбілетнага зайца. Хто я, заяц ці воўк? Залежыць, між іншым, ад асвятлення. Чую спакойны кастрычніцкі дождж за вакном. Медытую мазгамі. Жыць трэба напоўніцу кожным днём, не ўзірацца ў цемру — а што там будзе далей, не шкадаваць страчанага. Неяк яно будзе. Але... Вось сканфіскавалі летась сілавікі лэптоп, дыскі памяці, а разам з імі скралі незваротна мае творчыя набыткі апошніх гадоў — рукапіс паэтычнай кнігі "Узнясенне", рукапіс маёй славутай грыбной кнігі

"Таямніцы беларускага лесу", якую збіраў — пісаў больш за чатыры гады і неўзабаве планаваў выдаць, некалькі апавяданняў, дзесяткі перакладаў, фотаархіў...

Шкада канешне, але трэба любіць тое, што застаецца — жыццё. І цябе, мой хаця і чорны, але цёплы плед. І нігерыйку Зэмбу, якая знікла незваротна ў руме трывожных дзён.

Час падымацца і выходзіць у новы дзень. Нетаропка, у чатыры прыёмы, складаю чорны плед: "Спі, давай! Нам яшчэ дадому дабрацца трэба. Абавязкова... пасля вайны".

2022

1

* * *

Выгнаннік

* * *

Стаўлю кропку нетаропка,
Аркушок паперы ўбок.
Я заўжды баюся кропкі:
Потым што? Зноў слоў клубок?

Таямніцаў выцінанкі
Тку ў нязведаны сюжэт...
Вось пішу, а гляну ранкам:
"Ну які з цябе паэт?"

*Мінск,
ліпень, 2021 г.*

* * *

З Дняпра пачынаецца час
балючага асэнсавання
сыходу туды, дзе нас
ня ведалі да выгнання.

З Дняпра пачынаецца шлях,
складзены з пазлаў сумненняў,
скамечаных апранах,
шэрых кашлатых ценяў.

З Дняпра пачынаецца ўсё —
а больш не было нічога...
Праз камяні ды асцё
намацваю ў свет дарогу.

*Смаленск,
ліпень, 2021 г.*

Ля вогнішча ў смаленскім лесе

Шугай, вагонь, скачыце цені,
Бяда, ляці як гэты дым...
Хіба што ў полымі збавенне
Ад новай пошасці-бяды...
Ад той страшэннае навалы
Ачысці гэты край, Сварог,
Тут шмат і так перападала
Няшчасцяў, бедаў і трывог.
Палай, вагонь мой вечаровы,
Усё ліхое спапялі...
Каб кожны з нас жыў-быў здоровы
Не на нябёсах — на зямлі!

Смаленск,
ліпень, 2021 г.

* * *

Закапаю на полі ў раллю
Свой апошні — на шчасце — грошык,
На сняданак мух налаўлю,
На абед — камароў ды мошак.

Пабрыду скрозь імшары-лясы,
Усё роўна: арол ці рэшка.
Вып'ю кроплю гаючай расы
Са слязінай уперамешку.

Пад карчы ў хмызнякі зазірну,
На начлег да вужоў папрашуся.
Зноўку ў сне крычу пра вайну,
Пра пабоішча ў Беларусі.

Новы дзень будзе поўным надзей,
І падзей, і людзей харошых...
І ў стакроць стане мне даражэй —
Мой апошні — на шчасце — грошык.

Бранск,
жнівень, 2021 г.

Мураш

Уявіў на імгненне сябе мурашом:
Адзінокім, зляканым і кволым,
У якога дашчэнту раструшчылі дом,
І нікога-нікога наўкола.

Прадзіраюся ў лісце апалага медзь,
Лапкі б'ю аб бярвёныігліцы.
Вось яшчэ б і смарагдавы мох здалець,
Каб да новага дому прабіцца.

Сілаў мала зусім, каб мурашнік знайсці,
Некрануты звярынаю злосцю...
І калі не загіну ў дрымучым трысці —
Папрашуся да вас, вашамосці.

Бранск,
жнівень, 2021 г.

Vivo et spero

Азірнуся часам — спрэс адны паразы,
Ды і сам цяпер я невылечны псіх.
Не стае аскепкаў старадаўнай вазы,
Аніяк пачуццяў не вярнуць былых.
Брамку адчыняю ў свае сны-адхланні...
Можа там, няўлоўна, затрымціць душа
Ад вяртання шчырасці і замілавання.
Дробязь застаецца: як заснуць спярша?
Кажуць, безсэнсоўна ў зжытае вяртацца,
"Толькі тут і зараз", іншага няма.
Можа досыць, памяць, гэтых правакацый —
"Vivo et spero" — мусіць, нездарма.

Бранск,
жнівень, 2021 г.

Пабег

Не звані! Зараз я не ў зоне доступу сеткі.
Чую, сціхла слядоў кананада пад снегам...
Гэта факт: я няўдала пайшоў на разведку,
Напароўся і тут на няўрымслівых шпегаў.
Ліфт загружаны цалкам з улікам маньяка.
Насамрэч — кадэбіст ён, альбо фээсбэшнік.
Праўда, розніцы ў тым для мяне аніякай,
І таму казырок апушчу на лабэшнік.
Мой спалох бачны нават праз ноч акуляраў,
У кішэні напхну, як гранат, мандарынаў.
Чорны свет, здымны флэт, гарады, бла-бла-кары...
Уцякаю, і мантру шапчу: "Не загіну".
Уцякаю ад выбуху мозгу і кратаў —
Хмызнякамі, праз плот, кукурузнае поле —
І кідаю ім услед мандарыны-гранаты,
Каб ускрыкнуць нарэшце: "Сябры, я на волі!"

Бранск,
жнівень, 2021 г.

* * *

Галіне

Калі можаш — даруй мой Калінавы мост
і начныя глыбокія рэкі.
Лепей так, за свабодай наўпрост,
Стрымгалоў ад вязніцы і здзекаў.
Разумею, як цяжка, сяброўка, адной...
Дык трымайся і ведай: аблашчаным Богам
будзе некалі ў гэтай юдолі спакой...
Калі правільнай будзе дарога.

Бранск,
жнівень, 2021 г.

Сыход

Яшчэ адзін бязлітасны Сыход...
Збягаем, пакідаючы радзіну,
Амокам гнаныя, не ў пошуку прыгод —
Каб справу захаваць і не загінуць.
Такі вось неягіпецкі Сыход...
Кідаюць камянямі нам услед,
Галёкаюць пра здраду і бязволле,
І сінелапы радуецца дзед,
Што мы дамоў не вернемся ніколі.
Кідаюць камянямі нам услед...
Перажывём, як некалі Майсей,
Калі ў душы не згінула надзея.
"Мур хутка рухне-рухне...", пакрысе
Над краем родным неба пасвятлее.
Перажывём, як некалі Майсей...

*Бранск,
ліпень, 2021 г.*

* * *

Ака чароўная вужакаю віецца,
То плёхне ў чаратах, то ў асацэ,
Плывуць гарлачыкі... ці проста падаецца,
Лагодзяць сэрца хвалі на рацэ.
Світальны сон, рака яшчэ ў тумане,
Па-над Акою — цень манастыра.
Іду з надзеяй — сёння не падмане
Дзень новы кліча ў шлях:
     "Табе пара!"

Арол,
жнівень, 2021 г.

* * *

Кацярыне Абромчык

Крэсляць неба жнівеньскія знічкі,
Ім канца і краю не відно.
Паспрабую па дзіцячай звычцы
Загадаць жаданне хоць адно.
Каб усе, хто зараз не на волі,
Хто за кратамі — іх праламіць змаглі...
Паміраюць знічкі ў чорным полі
За свабоду на маёй зямлі.

*Курск,
жнівень, 2021 г.*

* * *

Плывеш, плывеш, а берагу няма,
вада і неба — рысаю адчаю.
Дык што, усё было дарма,
і вера больш мяне не выручае?
Саслаблі рукі, хоць бы круг які
выратавальны хвалі мне шпурнулі...
Над плынню неабсяжнае ракі
хачу, каб словы гэтыя пачулі.

*Курск,
жнівень, 2021 г.*

* * *

Пасля блуканняў зорных,
нібыта ўпершыню —
трубяць святыя горны,
а я сярод вагню.
Народжаны нанова
бягу-лячу ў траву,
чапляюся за словы,
і мо таму жыву...
Каму вядома колькі —
гадоў, сустрэч, надзей,
калі суціхне болька:
"Які я між людзей?"
Ці ў скрусе я, ці ў шчасці,
ці гаспадар, ці госць...
Мо допыт свой адкласці,
каб быць такім як ёсць?

Курск,
жнівень, 2021 г.

У Сейме

Сяджу ў Сейме,
увесь непрыступны і важны,
цешуся плынню ракі,
жыццём, якое плюхае блізка.
А спёка апоўдні невыносная проста, ажна —
галоў мой гарыць
і ў вачах каляровыя пырскі.
Сяджу-засядаю,
замкі з пяску праектую,
адзінагалосна ў Сейме
прымаю дэкрэты...
Ды раптам хваля ліхая
замкі мае зруйнуе,
Ізноў неакрэслена ўсё,
І, можа, не варта болей аб гэтым...

*Курск,
жнівень, 2021 г.*

* * *

Лёс каварны падкінуў кульбіт —
Потырч ціхая прыстань і праца.
Я цяпер Агасфер — Вечны жыд,
Мне да скону па свеце бадзяцца.
Што за грэх, Хрысце любы, скажы,
Учыніў недзе я несвядома?
Да Другога прышэсця крыжы
На шляху ад блуканняў дадому.
У валоссі сівым — каўтуны,
Цела сонцы чужыя спалілі,
І ня грэюць яго лахманы,
І няма ў ім ранейшае сілы.
Тры ракі можа як перайду,
Тры прызначаныя рубіконы —
Адшукаю святую ваду,
Можа змые вада праклёны.

Курск,
жнівень, 2021 г.

Арэлі

Аддаляюся — набліжаюся
набліжаюся — аддаляюся
неба і зямля, зямля і неба
чаргуюцца — чуецца...
то не нейкі там маятнік Фуко
а мудрыя як гэты свет арэлі
якія прыводзіць у рух
хіба што пульсацыя
блізкага сэрца.

*Кіеў,
кастрычнік, 2021 г.*

Гатэль "Украіна"

Вользе Бражнік

Магчыма, што ў траўні гэтага года,
Калі з дакументамі будзе па-людску,
Я сяду ў каюту "Люкс" сэрцахода
І надвячоркам патраплю да Луцку.
На трэцім паверсе гатэлю "Ўкраіна",
Схаваюся зноўку ў крыштальным балконе.
Курыць буду "кенты" з бакалам марціні
І ведаць: адсюль аніхто не прагоніць.
Праз шкло сузіраць і людзей, і дарогі,
мяняючы рыфмы, радкі і настроі...
Стары, непаголены і басаногі,
Не здатны на ролю супер-героя.
А што будзе раніцай — будзе ўсё роўна,
Галоўнае, што дарабіў сваю справу:
Успомніў, як некалі Вольга-князёўна
Унізе піла сваю горкую каву...

*Чарнігаў,
кастрычнік, 2021 г.*

Забойца сноў

"Вельмі светла нараніцу ты мне прысніўся,
                    Сяргей-дабрадзей".
Ну чаму б і не светла
             прысніцца адзінаму сонцу?
"Мы з табою плывем
             па вялікай-вялікай вадзе,
нібы морам спачатку, а потым
             ракою бясконцай...
І мы згадваем імя шырокай ракі:
             можа Нёман? Ці не..."
Я падумаў: чаму не Дняпро,
             альбо Сож не прысніліся Галі.
Божа, як разабрацца мне
             ў ранішнім жончыным сне?
"Мы вылазім на стромкія кручы,
             і скачам у хвалі".
Што ж тут светлага, чуеш,
             у прорву, на злом галавы?
"І свабода палёту... і рукі твае ...
             ты мяне адчуваеш..."
Ну канечне, усё гэта сон,
             дзякуй Богу, застаўся жывы.
"У палёце адчайным такім
             ты мяне, абхапіўшы, трымаеш..."

*Чарнігаў,
лістапад, 2021 г.*

Карпацкая поўня

Па-над вадаспадам разгульвала поўня,
Ды так нетаропка, ды так самавіта...
Хадзіла і палкія сыпала промні,
Што пырскі рачныя гарэлі нібыта.
І так захацелася раптам дадому,
Да ціхае плыні, да люстраў-азёраў...
Даруйце, сябры, не жадаў я нікому,
Ні купінак гневу, ні злосці, ні гора!

*Карпаты,
лістапад, 2021 г.*

* * *

Сцямнела. Стаю на гаўбцы,
                гэткі здань-чалавек,
Чытаю насупраць: "Квіткова крамниця",
У атачэнні брутальных неонаў-аптэк...
І людзі ў аптэках, а ў краме — кветак паліцы.
Пайду і набуду хоць сціплы букет хрызантэм,
Хаця, ну каму прэзентую я познія краскі...
Сабе? То няхай гэта будзе таемны татэм
Для міру, любові і ласкі...

Чарнігаў,
лістапад, 2021 г.

Дом

*Ахвярую
Алене Прыходзька*

Дом, будуй-не-будуй, аніколі не будзе тваім,
А сваёй назавеш, як пашчасціць,
                            хіба дамавіну.
Курані і харомы, і хаты — усё гэта дым...
І яны недзе ў прысаку памяці згінуць.
Дом знайсці — нібы донара з роднай крывёй,
І яна ад пагібелі, можа, ўратуе імгненна.
Не хваліся ніколі: "Вось гэты дом — мой",
Бо хіба што сябры — найтрывалыя сцены.
Трэба шмат перажыць і згубіць па жыцці,
Ноч пражыць у сумёце зімою,
Каб дайшло — дом ты можаш знайсці
У сябрах, што яшчэ засталіся з табою.

*Кіеў,
лістапад, 2021 г.*

Не памерці баюся — змагчы...

Я, па-праўдзе, баюся вайны,
быць забітым расейскай куляй,
без радзіны, сяброў і труны,
без апошняга слова матулі.
Не памерці! А толькі змагчы
быць такім, як вайне патрэбна,
з Божым словам і пры мячы,
згінуць так, каб было не ганебна.
Што жыццё? Яно будзе ці не —
вырашаюць баі і паходы...
Я хачу быць патрэбным вайне,
Каб спыніць яе назаўсёды.

*Чарнігаў,
13 снежня 2021 г.*

Туман над Прыпяццю

Мокры туман расхінаю рукамі,
быццам фіранку на брудным вакне,
дрэвы крычаць, я намацваю камень —
вось яшчэ што засталося ў мяне.
Мох праглынае сляды... крок за крокам
рушу ў туман, у набат цішыні
сцятай спружынай, ды з левага боку
стрэлам успыхнулі ў цемры агні.
Слухаю сэрца свайго барабаны,
сцяўся: аблава, ваўчыны капкан?
Мне яшчэ рана ў палон, вельмі рана...
Ты не па мне сёння плачаш, туман.
Тут жа дзесь побач схавалася Прыпяць,
воля — за ёй. Я павінен, дайду.
Ну, а за волю я змог бы і выпіць
аж да астачы рачную ваду.
Пане Туман, хутай цела без жалю,
так, каб заўважыць яго не змаглі.
Ноч... і рака мяне хваля за хваляй
зносіць далей ад варожай зямлі.

*Чарнігаў,
17 снежня 2021 г.*

Катастрафічна

Да словаў гарнуцца, да водараў цела,
кранаць іх, нібыта лязо, асцярожна,
дуэль воч насупраць, смяротна, нясмела —
вышэйшая ёсць насалода... а можна?
Яшчэ валасоў тваіх пасмай гуляцца —
табу, ці дазволена судакрананне?
Застанься собою, без рэінкарнацый,
на момант які, не жанчынай — адхланнем.
Не проста самотна, а катастрафічна
упіўся атрутнай сваёй адзінотай...
Я, можа, кажу нешта і нелагічна,
але паміраю дакладна, не потым.
І справа не ў жарсці зусім, а ў размове,
аб тым, што казаць іншы раз немагчыма.
Ну што, паспрабуем, калі ты гатова,
Адолець удвух нашы доўгія зімы...

*Чарнігаў,
снежань, 2021 г.*

Dark love

*Прысвячаю
Вользе Бражнік*

Падчас першай ранішняй кавы з "Кентам"
        і сэрцам бялюткім на пенцы
барыстка інтымна шчабеча аб тым,
    што адна, а бацькі недзе згінулі ў Штатах.
Скідаю даверліва маску,
        хачу даспадобы быць ёй,
            смуглатварай паненцы,
Якая нібыта ўкраінка,
    а я — беларус, у якога няма нават хаты…
Шкадую, што кубачак кавы занадта маленькі,
        і ціха каўтаючы слінкі,
"До нового ранку!" кажу
        і сыхожу з праспекту дварамі,
А ў здымнай кватэры гарцую
        на зэдлі крывой ля блакітнай ялінкі,
Нібыта кульнулі знянацку
        на голаў мне збан з вугалямі…

*Чарнігаў,
снежань, 2021 г.*

* * *

Зорачка халодная і кволая,
хмарамі забытая ўначы,
свеціць над застылымі анёламі,
сіл не мае ім дапамагчы.
Блякне свет і патыхае холадам
лютым холадам каменная сцяна.
Быў і я ў жыцці нядаўна валатам,
Покуль не дапіў яго да дна...

*Чарнігаў,
снежань, 2021 г.*

Трансцэндэнтнальнае

Галава мая быццам вялізная куля зямлі,
Унутры — дзевяноста дзевяць
                              чырвоных балонікаў.
Цешыўся магмаю слоў я,
               а сам не заўважыў, калі
Вырас з зацыраваных матуляй
                            дзіцячых штонікаў.
Пастаю на абрыве, хачу каб дакладна адзін,
Каб нікога наўкола,
                    каб неба ляцела мяцеліцай,
Пажадаць што сабе
                 ў найгарчэйшую з гадавін?
Толькі вось жа душа мая
                   зноўку жартуе і цвеліцца.
Дакрануцца б да тысячаў
                        многіх далёкіх сяброў,
Да пяшчотных усмешак
                 каханак і невымоўнага,
поўнага сэнсаў ці проста абсурду
                             і дзікіх звяроў
і забытых пахаў аеру
             і нечага больш чым галоўнага.
То няхай, сёння можна і так, пастаю, пагляжу,
Як са жмені пігулкі-прынады
                       схілам прасыплюцца...
Што яшчэ я змагу,
            што яшчэ я, напэўна, скажу —
Жыў як жыў, не па волі,
                а па законе транскрыпцыі.

А балонікі тыя чырвоныя, што ў галаве,
Быццам сальса круцяцца
    з болем маім і ўспамінамі,
А як прыйдзе бязлітасны князь мой,
        няхай пазаве
У дарогу… яму адкажу:
    "Я гатовы, вазьмі мяне!".

Чарнігаў,
26 студзеня 2022 г.

* * *

Хочацца сказаць аб тым, пра што не кажуць:
бачу смертухну скрозь завіруху зім:
Будуць чэрці па кутах у камуфляжы
павуцінне рваць і гушкацца на ім...
Уцячы? Дык болей ног не адчуваю,
клікаць вас — дык голас плавіцца ў агні.
Страшна прорвы немінучага адчаю,
страшна выбуху грымучай цішыні.
Ведаю, што нешта раптам булькне ў целе,
здзіўлены, паспею зазірнуць на столь...
Несмяротны ўжо, прасветленым тунэлем,
палячу ў сваю пакутную юдоль...

Чарнігаў,
студзень, 2022 г.

* * *

Высака, аж над аблокамі,
Лячу я, твой пан і госць.
Птушка мая далёкая,
Хораша як, што ты ёсць.
Крочу нязнанай вуліцай,
Цяжар страсаю з плеч...
Веру, дакладна збудзецца
Лепшая з нашых сустрэч.
Толькі даруй за ружачкі,
Што не змагу дарыць.
Шлях, пасцяліся стужачкай,
Разам хутчэй каб быць!

Моршын,
16 лютага 2022 г.

За дзень да вайны

Па трасерах рваных
пульсуючых ліній
белых, чырвоных і сініх...
вяртаецца час наш
у павуцінні
вулак і грукату ботаў каваных
па брукаванцы, па крыку,
па згубленых фотках каханых...
Бачыш, за небам халодныя дрэвы —
нашыя цені, напаўжывыя?
Просяцца ў бітву, а ты?
Кажаш пра жоўтыя тэпці
якія дакладна згараць у вагні...
Ну а мы? Божа, нас захіні!
Белыя лініі, сінія лініі,
срэбра на дрэвах...
куля ў грудзях
жах...

Моршын,
23 лютага 2022 г.

Трымаемося!

Чорны дзень прынясе чорны снег,
каўтунамі сплятаючы нервы...
Мне б квіточак на Ноеў каўчэг,
хоць у грыўнях, ці ў злотых, ці ў еўра!
Ды куды ты ўцячэш ад вайны —
яна ў сэрцы, у пальцаў трымценні...
І штоночы крывавыя сны,
і на раніцу — мёртвыя цені.
А да раніцы стос цыгарэт
адлятае задушлівым дымам
у нябёсы, дзе шлейфы ракет
ад Чарнігава ажно да Крыма.
Не, не будзе квітка ў нікуды,
аж да часу расейскай паразы.
І мае застануцца сляды
з Украінаю-нянькаю разам.

Моршын,
25 лютага 2022 г.

* * *

Усё было ўжо...
ранні сакавік
і крокусаў адчайнае паўстанне,
у небе шэрым зноў гусіны крык
у Памераніі пад ранне...
Усё было ўжо...
акрамя віны
за тое, што цяпер не ва Украіне
усё было тут
акрамя вайны
таму і кроў згарнулася
і стыне...

*Schloss Bröllin,
4 сакавіка 2022 г.*

Я вірю!

Віслы людскія, Дняпры і Дунаі
горам сплываюць, віруюць адчаем,
ад Пшэмысля да Катавіцы і Вавы
Гальфстрымам крывавым...
Ракеты на голавы, бомбы і міны...
Грыміць Украіна, стаіць Украіна,
цэрквы гараць, але Бог ёсць у сэрцах,
бітва за волю — да смерці!
У пекле пажараў, у сажы і дыме —
Мая Украіна, другая радзіма.
Рады дае ашалеламу зверу,
разам, з надзеяй і верай!

Schloss Bröllin,
9 сакавіка 2022 г.

Фрагменты

Шыне Паўле Агуры

Фрагменты — аскепкі шкла,
                     што застаюцца ў целе,
дотыкі, пробліскі, шал і цьмяныя твары...
Любіць — гэта тое, што недасяжнасцю
                                 цвеліць,
любіць — гэта гостраe шкло,
                ды яшчэ месяцовыя мары.
Фрагменты — эмоцый вар'ятня
                      і невядомае заўтра,
уколы збянтэжанасці, водар жарсці наўкола.
Шэсцерні перамкнула
              і вось пачуцці — пад вартай...
праносіцца міма душы чыёсці зламанае кола.
Вусцішна бачыць, як вуглі цьмеюць і тое,
што выдзіралі з мяне
            пад хітрушчаю поўняй...
Як мне глядзець вам у вочы душою пустою?
Толькі фрагменты...
     усё, што я маю, усё што я помню.

Schloss Bröllin,
22 сакавіка 2022 г.

***

А дома зямля чакае,
мой сад, і дняпроўскія поймы,
а дома нябёсы палаюць,
і зор панасыпана плойма.
А тут штодня памiраеш...
За што і чаму — невядома.
Што брацьмець між пеклам і раем?
Дарогу — дадому.

*Schloss Bröllin,
27 сакавіка 2022 г.*

У кожнага свая турма...

Алесю Бяляцкаму

Боязна нават падумаць,
што недзе яшчэ ёсць жыццё...
у якім ані страху няма,
ні трывогі няма, ані здрады,
а ў мяне — скамянелыя вочы,
ды мулкага болю асцё
коле спацелае цела,
і мне аніяк ня даць яму рады.
Я шкадую? Ды не... адгарэлі знічы,
адпалала даўно
На шматкі разарванага стратамі
сэрца свячэнне...
Колькі мне ў гэты час
не прыснілася літасных сноў?
Колькі я ў гэты час не сустрэў
сярод дрэў нават ценяў?
І яшчэ... камяні — уяўляеш —
не плачуць цяпер камяні...
І яшчэ... адчуваю, як важкім
і чорным становіцца неба...
Як пачуеш, Алесь, гэты крык —
хоць у сне прыгарні
Да гарачай душы, вось і ўсё.
Больш нічога ня трэба.

Варшава,
29 сакавіка 2022 г.

2
***
Віленскі цыкл

* * *

Стаіўся страх у квецені вясновай,
жывеш надзеяй — горшае прайшло.
Ды толькі спатыкаешся аб словы
далёкія, пра шчырасць і цяпло.
Ачышчаная майскімі дажджамі
чаруе Вільня, горне да грудзей,
Але няма сугучнасці між намі —
Мне Украіна ў безліч раз мілей...
А мне Чарнігаў мроіцца бясконца,
Дзясна-красуня і манастыры...
Я спадзяюся зноў пабачыць сонца,
Што цешыцца на Болдзінай гары.

Вільня,
19 траўня 2022 г.

Уля, няма ў мяне вершаў пра Вільню

Блякне ўсё навокал, выцьвітае...
Аж да бела-чорнага радна...
Млосна мне і тут, у пекным краі,
Дзе за мной як цень — мая віна.
Чуеш, Уля, бачыш, як пагана
Жыць чужынцам, здрадзіўшы ўсяму,
Блякне ўсё і не гаяцца раны...
Можа пагадзіцца на турму?
Трэба ж вось, у час такі сустрэцца
Нам з табой у Вільні незнарок...
Як ужо зусім збялела сэрца,
І зрабіўся бела-чорным зрок.

Вільня,
25 ліпеня 2022 г.

Дарога пад сонцам

Сонца ўбачыць яшчэ раз, свяціцца світанкам,
анямець і не мець анічога зямнога,
проста выйсці аднойчы, спыніцца на ганку,
перад вечна салодкай спакусай — дарогай.
А шлях той куды прывядзе — неістотна,
ці ў Гомель слічнюткі, ці да Беластоку.
Абы не канчалася кропкай самотнай
дарога пад сонцам, мой шлях да вытокаў.

Вільня,
9 жніўня 2022 г.

Рабінавы верш

Хацеў распавесці табе пра рабіны,
Якія няўзнак чырванець пачалі, —
Гаркавыя ягады смаку чужыны,
Крывінкі твае і мае на зямлі.
Заўважыш ці не, як згінаецца вецце,
Як ягады сок набіраюць штодня…
І вось ужо вогнішча чырвані б'ецца,
І ты ў эпіцэнтры рабіна-агня.
Паслухай, хіба што зімою магчыма
На смак арабінавы водар спазнаць.
Няхай жа палаюць-гараць арабіны,
Каб верыць, каб жыць, каб кахаць!

Вільня,
11 жніўня 2022 г.

Вільня. Прымірэнне

Вечар, วуркоча сытая Вільня,
Кэнаны грэюць на пузах турысты.
Sveiki, лёсаў людскіх плавільня!
Горад для чыстых і не для чыстых.
Што мне патрэбна... напэўна нічога,
Ну, заблукаў тут у пошуку раю...
Цяпер вось збіраю ключы і дарогі,
Дварамі і вулкамі сэнсы шукаю.
Водар нязнаны ноздры казыча,
Сэрца пульсуе, ці дзынкаюць кулі?
Можа сустрэну адхланне ў абліччы
Рэдкага птаха — пані Уршулі.
Вечар... Знікаюць хворыя мроі...
Жыві сабе Вільня, сыта і вольна.
Прабач, я тваім не хачу быць героем —
Не скончыў дагэтуль уласныя войны.

Вільня,
12 жніўня 2022 г.

Слівовы верш

Недзе, у краі нялюбым,
                і месцы дакладна чужым,
Дзе ўчынкі, пачуцці і словы —
                лазовы гаркавы дым,
Хварэў і канаў пакутліва,
                угрузнуўшы ў болю друз,
Не прывід, не цень крывая —
                просты, як брус, беларус...
Па-вычварэнску скуголіў,
                аб літасці неба прасіў,
А з неба долу зваліліся
                некалькі спелых сліў...
Адно — мінакі дзівіліся,
                не зводзячы доўга вачэй
З няўлоўнай нязграбнай постаці
                і крочылі прэч хутчэй.
Што ў гэтых сцішаных вулках
                і на брукаванках старых
Знайшоў ці яшчэ шукае
                сівы невылечны псіх...
А ён, ну хіба ж адкажа,
                што дом свой даўно згубіў,
Што мае адну спатолю —
                жменьку саспелых сліў...

Вільня,
30 жніўня 2022 г.

Увінчуся ў шалік шэры

Наматала-накруціла на крывое кола лёсу
Тлуму-шуму, звадак хцівых,
                ды яшчэ рыззя ілжы…
Увінчуся ў шалік шэры, уструменю папяросу,
І схаваю па кішэнях помсты гострыя нажы.
Недзе блізка — шал пажараў,
                злыя цені маргіналаў —
Ім крывая поўня плешча
                шчодра ў галовы жаўцё.
Я кіруюся ціхутка русламі высахлым канала
Да цябе, маё збавенне, да цябе, маё жыццё!
Акулярамі прыкрыю
                пырскі праведнага гневу,
А калі сустрэну шляхам хоць якога шпігуна —
Я спачатку яго правай,
                потым некалькі раз левай,
І заместа развітання
                прашапчу: "Пайшоў ты на…"

Беласток,
26 верасня 2022 г.

Антыверш

Я пішу, толькі вы не чытаеце —
               разумею, на вейках замкі —
як збягаў ад бяды,
праз чужыя сады,
праз заставы да волі.
 Азіраўся на маці старую сваю
               і штомоцы сціскаў кулакі...
думаў, правільна ўсё...
толькі не, нават смагі жыцця
не спатоліў.
Я крычу, толькі вы не чуеце —
              голас свой ад літанняў сарваў...
вадаспадам карпацкім,
па зорах чумацкіх,
агаломшаны болем,
Ад вайны ў невядомасць,
             у пастку, у землі чужыя ўцякаў,
утапіўшы ў нявыспанай Вісле
і Одры туманнай
паролі.
Я хварэю, а вы не бачыце —
             сэрца выстыгла ўшчэнт ад параз.
прыгарнуцца хачу да зямлі,
да дняпроўскай
гаркавай атавы...
Адчуваю — усё немагчыма,
             і словы-калючкі гучалі не ў час,
ды і сам я такі
анікому даўно
ў гэтым сне нецікавы.

Вільня,
28 верасня, 2022 г.

* * *

Здзівіць вас чым магу?
Дасведчаных, бывалых...
Бадай, нічым, хіба што шротам
проста ў грудзі.
Але — беззбройны я,
улада ўсё забрала
яшчэ ў бацькоў маіх,
і стрэлу тут ня будзе.
З маста ў раку,
ці ў плынь машын знянацку?
Баюся гэтага,
але так невыносна і балюча
Быць не сабой —
звычайнай мёртвай цацкай,
Апранутай жыццём
у яркія анучы.
Аж кроў шуміць у скронях —
так пагана,
І нешта прыдумляць
няма больш сілы.
Хіба што на крыло
з птушыным караванам,
і знікнуць назаўжды,
спаліўшы крылы.

*Вільня,
3 кастрычніка 2022 г.*

Шоргат лісцяў

Сыплецца-сыплецца золата лета,
Вогненным лісцем сцелячы дол.
Ціхая раніца, дым цыгарэты,
І адзінота вакол...
Сэрца маё туманы ахінулі.
Холад... і я паскараю хаду.
Лісце шапоча: "Уршуля, Уршуля..."
Я, гэта, Уля, іду.
Раніцай на невялічкім балконе,
Ці ў заінелым вакне
Ценем няўлоўным, са снегам на скронях,
Раптам убачыш мяне.
Можа быць крышачку стане шчымліва,
Вільню ўзгадаеш — як казачны сон.
Нашых пачуццяў рэкі-разлівы
Б'юцца ў бетонны балкон.
Сыплецца-сыплецца золата лета
У Беластоку халодным тваім...
Глянь, як віецца, амаль напаўсвета,
Горкага шчасця дым.

Вільня,
18 кастрычніка 2022 г.

Рэха на ўскрайку Беластока

Жамяра мак таўчэ над сцяжынаю-змейкай,
Палымнеюць раскошна абапал каліны...
Нас твае ў такт хады падбадзёрваюць вейкі:
"Мы нікому нічога на свеце не вінны".
Млявы вечар плыве на краю Беластоку,
Цішыню разганяем задзірлівым смехам.
"Тут і зараз" — званы прагучалі здалёку,
Пацалункі ў адказ адазваліся рэхам.
Што яшчэ трэба гэтым дваім ашалелым
Ад сугучча іх сэрцаў і пальцаў спляцення?
Мы нікому нічога... і нашыя целы
Непадзельнымі стануць у сонмішчы ценяў.

Вільня,
19 кастрычніка 2022 г.

Арытмія

Непрымальная з'ява —
                прадбачнасць падзеяў,
Рытмы працы і звыклых штодзённых спраў.
Гэта правільна ўсё, але я так ня ўмею,
я інакшую долю абраў.
Мне па сэрцы не штыль, а шаленства стыхіі,
Шал вагню, бой з сабой і сусветны патоп...
Даспадобы хіба што адна арытмія,
Ці з табою ў рэжыме нон-стоп.
Я не ведаю, што ты адкажаш на золку,
І куды мяне заўтра, магчыма, пашлеш...
І таму лепей жыць на калючых іголках,
І таму арытмія — найперш.

Вільня,
20 кастрычніка 2022 г.

Мы паспеем яшчэ

Мы паспеем яшчэ
                да густых лясоў-верасоў маіх,
Налюбуемся разам
          плынню спрадвечнай Дняпра,
Убяром у сэрцы свае дыяментавы кожны міг,
Кожны сонечны промнік
            і кожную зорку дабра...
Дабяжым стрымгалоў
             да нязнаных таемных мясцін,
Там, дзе лапы рысіныя ціха ўгрузаюць у мох,
Да крыві абдзярэмся аб зараснік дзікіх ажын
На жыццёвых спляценнях
              вяртлявых сцежак-дарог.
Мы спаймаем вясёлку,
            аздобім ёй слічныя косы твае,
І прыдумаем разам безліч
            харошых і мудрых слоў,
А яшчэ на скале нам арліца
              ложак-полаг звіе...
Як гатовая ты гэтак жыць, то і я пагатоў.

Вільня,
21 кастрычніка 2022 г.

Вучнёўства

Не сініца ў руках, а жураўлік…
Так напэўна найбольш сугучна.
Ты казала, што я настаўнік,
Я ж сябе называю вучнем.
Мне такое вучнёўства трэба
Да апошняга крылаў узмаха.
Прывучыла мяне да неба,
Прыручыла вольнага птаха.
Над тваім пралятаю царствам,
Патрапляю ў ветраў патокі.
Даспадобы такое шкалярства,
Я лячу і вучу тыя ўрокі.
І аднекуль бяруцца сілы,
І мацнее птушыны клёкат.
Распрастаюцца ўшыркі крылы
Перад нашым з табой палётам.

Вільня,
22 кастрычніка 2022 г.

* * *

Ты сыходзіш з кватэры на прыцемку, рана,
І вяртаешся гэтак жа цёмна дадому...
Пакідаеш мне водар жанчыны каханай
І яшчэ шмат чаго, што не кажуць нікому.
Часам шлеш мне аднекуль кароткія сказы:
"Як ты там?", "Kocham Cię!", "Хутка еду дахаты".
Я не думаў яшчэ аніводнага разу
Пра цябе як сваю найвялікшую страту.
Існа веру, што часам бываюць дзівосы,
І зліваецца тое, што зліць немагчыма;
Толькі джаляць сумневаў пякучыя восы,
Так, для іх ёсць заўсёды прычыны.
Я таксама сыйду назаўжды неўзабаве,
Часу маю для цудаў — хіба што імгненне.
Буду ўдзячны табе і тваёй горкай каве,
Ды ў святле месяцовым знямоджаным ценям.

Беласток,
25 кастрычніка 2022 г.

У тумане

У густым тумане часам
                неяк вельмі неспакойна —
І сумненняў аж занадта,
                і трывог на сэрцы плойма,
У тумане нават дрэвы выглядаюць таямніча,
Часам так замілавана, часам проста ваяўніча.
У вільготнай мяккай ваце
                постаць крохкая растане,
І са смехам мілагучным
                хутка згубіцца ў тумане,
Пакідаючы дарогай след —
                салодкім успамінам —
Ап'яняльны водар жарсці,
                пах сандалу і язміну.
Веру, вернуцца туманы
                сілуэты нішчыць рэчаў,
І аднойчы, нечакана
                ў шызым мроіве пад вечар,
Цёплым полымем пяшчоты
                постаць мілая паўстане,
І сумненні назаўсёды
                расцярушацца ў тумане.

Беласток,
27 кастрычніка 2022 г.

* * *

Засынаюць без мяне сады на Палессі
І грыбы на зіму хаваюцца ў цёплы мох.
На чужыне са мной — толькі сумныя песні,
Гэта ўсё, што з радзімы вынесці змог.
І часцей маю ў снах шырачэнныя крылы,
Сню — лячу над Дняпром, над вёскай старой,
Углядаюся ў шэрагі свежых магілаў
І шукаю сяброў, што сышлі на спакой.
Ці то зрок саслабеў, ці туман атуляе
Краявіды, што цешылі вочы шмат год.
Толькі мроі і сны, гэта ўсё што я маю,
Ды надзею на свой ілюзорны зварот.

*Беласток,
28 кастрычніка 2022 г.*

Невылечнае-вечнае

Не хоча цекчы болей па артэрыях і венах
Вішнёвым цёплым сочывам мая густая кроў.
Сурочаны вядзьмаркаю, альбо дурныя гены,
І можа час прыспеў ужо пайсці да дактароў?
Пад скурай згусткі чорныя крыві
                          плюхцяць паволі,
Я чую, як спыняецца
                      жыццёвай рэчкі плынь…
А мне з табою хочацца да крыку аж, да болю,
Хоць раз ізноў узняцца ў нябёсаў нашых сінь.
А памятаеш як нас працінлі сонца промні?
І кроў была не чорнай, а пунсоваю тады…
Алхімік мой, прашу цябе,
                  рэцэпт жыцця прыпомні,
Каб яшчэ разам блыталіся нашыя сляды.

Вільня,
31 кастрычніка 2022 г.

Ты ведаеш, як без цябе?

Ты ведаеш, як гэта, жыць без радзімы —
Краіны чужыя, заставы, пасты...
І лётаць паўсюль самалётам-кілімам,
Бо там не глядзяць пашпарты.
Не пішаш, не звоніш: то позна, то рана...
Каханая, што ты зацята маўчыш?
Межы зямныя — ня так і складана,
Як межы людзей паміж...
Паўсюль нарабілі нябачных бар'ераў,
З амбіцый усюды калючкі-драты,
І ў душы даўно закалочаны дзверы —
Не будзь непадступнаю ты.
Наперадзе доўгія цёмныя зімы,
У краі чужым адзінота скубе...
Ты ведаеш, як гэта, жыць без радзімы?
Ты ведаеш, як без цябе?

Вільня,
1 лістапада 2022 г.

Сонечная сінхранізацыя

Думаеш, што папрасіў бы жыцця, каб давалі?
Не, мне й таго, што пражыў — вышай неба;
грошай ня трэба, ня трэба медаляў,
болей нічога-нічога не трэба...
Вось напісаў. Ды хлусня ж усё гэта:
дагэтуль чакаю светлага цуду...
Яго й папрашу для сябе напаследак,
а болей — дакладна — нічога не буду.
Маю апошнюю мару-жаданне —
смейся і называй гэта новым маразмам...
Хачу аднаго, каб адгэтуль шторання
нашыя сонцы ўзыходзілі разам...

Вільня,
8 лістапада 2022 г.

"Я віно з Тваёй скуры спіяла"

Як туманы з балот праз платы праслізнулі,
Ахінулі прысады, дамы і кварталы,
Мне пачуліся словы далёкай Уршулі:
"Я віно з Тваёй скуры спіяла".
Калыханыя ветрам гаючым надзеі
Рвуць бязмежную пастку туманаў,
Пасвятлела наўкола і вось разумею,
Што каханы я і... закаханы.
Будзе снежна часамі ў жыцці і марозна,
Навальнічна, напэўна, грымотна, залеўна,
Ну але гэта ўсё, далібог, несур'ёзна —
Бо "спіяла са скуры віно" каралеўна.

Вільня,
16 лістапада 2022 г.

Чужыя снягі

Па першапутку віленскага снегу
Малюю шлях, ізноў у нікуды...
Сустрэў яшчэ адну зіму пабегу,
Уцёкаў ад радзімы і бяды.
Такі ж бялюткі снег быў ва Ўкраіне,
Ды чорным стаў ад вогнішча вайны,
А снег Літвы як неба — сіні-сіні,
І мяккі, і пухнаты, быццам сны.
Снягі чужыны, колькі іх спаткаю,
Нярвоваю хадой ператапчу!
Я часам называю сябе Каем,
І ад адчаю голасна крычу.
Па першапутку віленскага снегу
Малюю шлях, ізноў у нікуды...
Сустрэў яшчэ адну зіму пабегу,
На снезе пакідаючы сляды...

Вільня,
18 лістапада 2022 г.

* * *

На тваіх, галуба, фотаздымках
Мы то ў сонцы тонем, то ў абдымках,
То купаемся ў начных імклівых ценях,
Радасці фіксуючы імгненні...
Файна, што часцей здымаюць людзі
Тое, што прыносіць шчасце будзе...
Вось каб жыць, дакладна як на фота,
Без трывогаў, болю і самоты.

Вільня,
21 лістапада 2022 г.

Без сонца

Перад пагружэннем углыб
змрочных каменных глыб
рыб ранішняй Вільні
Святой Магдалены срэбны
абразок папраўляю ў пакоі
не рытуал, а для такту
бо часам яна вымагае кантакту
мэты якога мне невядомы...
я — з дому
слепіць снег напачатку
міжвольна слёзы цякуць
ільдзінкі
падаюць долу звіняць
разлятаюцца — не сабраць
Потым іду як ногі кладуцца
на захад на ўсход?
абы не на поўнач там лёд
яго адчуваю дакладна
халодна трывожна
бясконца
без сонца

Вільня,
22 лістапада 2022 г.

На дне

Ці ёсць тое дно ў падзеях і лёсах —
Бяда на бядзе і бядой паганяе...
Няма больш ні белых, ні чорных палосаў,
Адно толькі — бездань сляпая.
Здавалася, скончыцца некалі бітва
За права сабой быць, жыць і смяяцца,
За права кахаць, хоць каханне забіта...
Аднак я не стану пацешным паяцам.
У гэтым бясконцым сваім пагружэнні
У гушчу халоднага гразкага глею —
Я сціс і трымаю ў знясіленай жмені
Крупіначкі веры, любові, надзеі...

Вільня,
4 снежня 2022 г.

неКалядная казка для не усіх

Глядзі, які стаў белым Беласток!
Бялюткі снег штурмуе далягляды...
А тут вось і да нас з табой здалёк
Спяшаюцца чароўныя Каляды.
Чакаем цудаў... толькі дзе яны?
Калі між намі аж да небакраю —
Лясы ў снягах, ды бліскавіцы-сны,
І край, якога болей я не маю.
Скажу яшчэ, па-просту, як магу,
Пра тое што баліць, што ў сэрцы маю,
У зорную калядную смугу
Далёкую — сваю — навек кахаю.
У казках разняверыўся даўно,
Аднак здараецца, зусім не па прыколу,
Мы ў боцік зазірнем усё адно:
"А што Святы нам прынясе Мікола?"
У сейме зор калядных — супакой...
У сонмішчы падзей — жыве надзея.
Халодна як тут, людзі, Божа мой!
Я й распавесці гэтага ня ўмею.
Але цяпла сабе не папрашу,
І Беласток — не Мекка пілігрыма.
Хачу знайсці ў Міколавым кашу
Квіток зваротны да сваёй Радзімы.

Вільня,
23 снежня 2022 г.

***

Енчыў, што халодна тут і стыла,
Як у яміне рачной, на цьмяным дне.
Толькі спахапіўся, што ў магіле
Пэўна яшчэ болей халадней...
Трэба жыць, хай холад і сумёты,
Верыць і кахаць усё што ёсць.
Каб не ныць, і не скуголіць потым,
Што ты быў на гэтым свеце госць.

*Вільня,
26 снежня 2022 г.*

Ілюзія датычнасці

Штоноч на дзіду тэлевежы ў Каралінішках
нанізваю імжыстыя і сонечныя дні
сігналіць вежа мне зялёным і чырвоным
нібы дае ацэнку ўчынкам і падзеям
вакол святло з вакон шматлюдных гмахаў
кіно нямое бонусам за жах і адзіноту
тады ўглядаюся ў жыццё, якое без фіранак —
каты на падваконнях, цені архідэй,
бакалаў бляск
на кухні таньчыць пара,
ён, дальбог, вар'ят, яна — смяецца...
і я смяюся разам з віленскай кабетай,
паверыўшы ў ілюзію датычнасці
сябе да простага жыцця і сэнсу.

Вільня,
31 снежня 2022 г.

Кую, кую ножку...

Недзіцячая народная песня

Кую, кую ножку, паеду ў дарожку,
Дарожка крывая, кабылка сляпая,
Недзе воўк завые, а краі — чужыя,
Ой, яшчэ як многа да свайго парога.
Еду, еду, еду, ніяк не даеду,
Прыпрагу сароку, паеду далёка.
Можа ў тым далёкім — іншыя аблокі,
Там, за небакраем, мо мяне чакаюць?
Скоранька паеду, каб паспець к абеду.
Пан дасць піражочак, ды сыру кусочак...
Не, як сам без хлеба — ты нідзе не трэба,
І не трэба, браце, ножак тых каваці...
Зламаю бадылку, насяку кабылку.
Ні атос, ні калёс, чорт кабылку панёс...
Хай нясе наўскача, можа будзе ўдача,
Не прашу багата — вярнуцца да хаты.

Вільня,
25 студзеня 2023 г.

Жар-птушка

Гэй! Вам кажу,
тым, хто бачыў на дне кілішка з абсэнтам
як каціўся-блішчэў
манетаю вартасцю ў 50 цэнтаў
па Пілімо, праз мост над Віліяй,
а далей губляецца след,
задаволены сабою,
падобны на конскі хамут, дзед...
То быў я, ці палова мяне,
ці рэшта мяне ў 50 цэнтаў.
Астатняе забрала бясконцая пагоня
за Жар-птушкай:
"Ату яе! Лаві, хапай...
пёры ляцяць, якраз на падушку..."
Ды не, раніца ўжо наступіла
чарговай зарубкай жыцця
Шэсьцьдзесят першай...
каціся манетай бліскучай, дзіця,
Можа ўчэпішся ў хвост няўлоўнаму цуду,
а можа і не...
Прамаўчу, не скажу, хоць катуйце...
Не выдасць сакрэт
Закаханы ў Жар-птушку,
падобны на конскі хамут, дзед.

Вільня,
26 студзеня 2023 г.

Скажы: нашто табе Літва?

"Бывай, Яблонская, бывай!" —
Гучала слынная паэма...
Ты спіш, Уршуля, гэй, чакай,
У той паэме глыб праблемы.
Ці паяднае нас зіма,
Яліна за вакном у снезе,
Ці сэрцаў шал вірыў дарма,
Ці ёсць адказ у "Паланэзе"?
Някляеў спіць ля галавы,
Спляліся ў вузел рукі нашы.
Я з'еду заўтра да Літвы,
Ты застанешся на Падляшшы.
Растання час — пякельны боль,
А я з паэмай гэтай лезу...
Уршуля, літасць мей, дазволь
Тваім застацца "Паланэзам".

Вільня,
14 лютага 2023 г.

Я мог бы закахацца ў Беласток...

Нас забіваюць нашы гарады —
Палоняць дух і адрываюць крылы,
І нам не вырвацца адгэтуль, хоць куды
Цяпер ужо да самае магілы...
Твой Беласток, а Вільня не мая,
Хаця інакшага цяпер ужо не маю.
Сціскае шыю па начах змяя
І я паволі ў Вільні паміраю.
Маглі ж і марылі з табою пра адно —
Каб паляцець, паспець, пераадолець,
Каб стала мёдам горкае віно,
А ты свае ізноў: "Przestan pierdolić".
Зматала нітку памяці ў клубок,
Сядзіш чакаеш цудаў, ці спакою.
Я мог бы закахацца ў Беласток,
Калі б яго з'яднаць з табою.

Вільня,
28 лютага 2023 г.

Вайна пад бел-чырвоным сцягам

Адзіноту ў натоўпе, акопны адчай,
гарады, што пакінуў навечна,
не трымай у сабе — выдыхай, выдыхай,
з гэтым порахам жыць небяспечна.
Не трымай, выдыхай да астачы вайну
пад штандарам бела-чырвоным...
Бо іначай, пазбаўлены волі і сну,
Станеш ейным палонным да скону.
Выдыхай нават імя каханай сваёй,
што з мячом на цябе і пад сцягам...
Лепш ахвяраю стаць, лепш пайсці на двубой,
чым парушыць аднойчы прысягу.
Я не здрайца і лепей загіну няхай,
за каханне — пачэсная куля...
Ціха-ціха з сябе — не трымай — выдыхай
бел-чырвоную пані Уршулю.

*Талін,
люты 2023 г.*

* * *

А што яшчэ трэба вам ад мяне?
Ведаць што будзе заўтра? То не.
Думаеце, маю дыёптрыі і тоўстыя лінзы,
каб, так вось...
убачыць чорнае ляда,
якім вы мроіце, завеце радзімай?
Дарэмна. Няма ў мяне лінзаў, выпалі шкельцы,
раструшчаныя ў бойцы за заўтрашні дзень,
кубак кавы, размову і цыгарэту.
Мадальнасць буксуе...
Хіба тое важна?
Радзімы няма і вучняў няма,
Нічога няма, апрача ярма,
і каханай ніколі не будзе ...
Пафасных слоў даволі...
Ляда не стане полем...

*Хельсінкі,
люты 2023 г.*

* * *

Вымкнуў вочы з кубачка ранішняй кавы гаркавай
тут, на Ісландас,
        дзе мы сінкрэтычна і смела ядналі
сябе — фантазёры, пазёры,
              творцы сумежных паэм
позірк каўтае прагна
        смелыя змены ў строях жанчын
у колерах неба і вось...
        гэты бэз...
           у якога пупышкі набухлі
як цмочкі твае,
        калі іх нахабна кранаў вецер Вільні...
каву дап'ю, і тады загарну
            сваё сэрца збалелае ўшчэнт
у квіток "Экалайна" —
        яму яшчэ моцна карціць да цябе.

*Вільня,
сакавік 2023 г.*

* * *

Гэты ранак асаблівы,
Самы-самы незвычайны...
Промняў сонечных разлівы
Запрашаюць жыць адчайна.
Што было, што перажыта —
Забяры з сабою, ранак,
Дзякуй Богу, не забіты,
і кахаю, і каханы.
Шмат чаго сказаць не ўмею,
Шмат чаго сказаць — баюся...
Дзякуй ранку, дабрадзею,
Што ў жыццё ізноў вярнуўся!

Вільня,
11 траўня 2023 г.

Дачакайся, родная, мяне

Мама, мама, кажуць, дактары
часам не вылазяць з нашай хаты,
Дачакайся сына, не згары,
ён жа ані ў чым не вінаваты.
Дачакайся, родная, мяне
і прабач, што хутка не вярнуся.
Веру, што выгнання час міне,
яшчэ будзе вольна ў Беларусі.
Нашыя бярозкі і дубок
моцы хай даюць табе і веры,
і аднойчы, быццам незнарок,
ціха зарыпяць у хату дзверы.
Любая матуля, датрымай,
мне ж таксама горка на чужыне,
А галоўнае, што тут цябе няма,
а галоўнае, што тут няма Радзімы.
Ноч за ноччу сню адно кіно:
як іду сцяжынаю вясковай,
зазіраю ў роднае вакно...
а далей, далей знікаюць словы.

Вільня,
29 траўня 2023 г.

3

* * *

УЗНЯСЕННЕ

Частка вершаў з паэтычнай кнігі "Узнясенне", рукапіс якой быў канфіскаваны ў 2021 годзе беларусімі сілавікамі.

Ліст паэту Верацілу з Лысае Гары

Паслухай, дзядзечка, у нас
Усё заснежана дарэшты...
Чытаць па снезе — самы час,
Ды нешта не ідзеш ты...
Вакол — здзічэлы краявід:
Нібы на ўскрайку свету.
І толькі я, як следапыт,
Шукаў твае прыкметы.
Але ні сцежак, ні слядоў
На Узгор'і не знайшлося,
Ніхто не кінуў жменю слоў —
Даўно перавялося!
Вось нашы Буды — тры дубы,
Вось азярынка ў коме,
Твая вартоўня — дом журбы,
А ты не выйшаў з дому...

Студзень 2015 г.

Хроніка халоднага мола

Цыкл вершаў, створаны пад час знаходжання ў творчым адпачынку ў Міжнародным доме пісьменнікаў і перакладчыкаў у Вентспілсе (Латвія) у сакавіку 2016 г.

Я скраў вясну

Я скраў вясну. Схаваў пад грудзі.
Я звёз вясну цішком да мора.
Цяпер карайце мяне, людзі,
Вядзіце хоць да пракурора.
Памежнік рэчы трос, халера,
І нават вынюхаў валізку...
Глядзеў сувора, без даверу,
Ды не знайшоў вясну ні блізка.
Вясна са мной ідзе ў абдымку
Усцяж Балтыйскага ўзбярэжжа,
Дзе спяць баркасы ў шызай дымцы,
І крыкі чаек сэрца рэжуць.

1 сакавіка 2016 г.

Адзін

Аднаму — ні добра, ні пагана,
проста аніяк, і цішыню
не адчуць, як не адчуць нірваны
па начах без стомы і вагню.
І штодня, сярод людское плыні,
у вірах чужых размоў і слоў
позіркі страляюць халастымі
як у "малако", паверх галоў.
Церуха жыцця сляды хавае,
І няважна зараз — з кім і дзе
ты грабешся, нават не па хвалях, —
па халоднай, нежывой вадзе.
Страчаныя позіркі і словы,
узамен жа — бессані нажы.
Ты — адзін, і вырак канчатковы...
Цешся, як да гэтага дажыў.

2 сакавіка 2016 г.

Sveiki

Sveiki*, Вентспілс! Ну няўжо
Я з тваім Остгалсам —
Не з мячом і не з ружжом —
Закружыўся вальсам?
Чаек часты перакліч
Для мяне сягоння
Нібы прывітальны спіч —
Лепшая з сімфоній.
Валуны твае абняць
Хочацца на шчасце,
Каля Венты хоць паўдня
Шчасце сваё пасвіць.
Вермут Балтыкі сівой
Ап'яніць імгненна:
Прытулюся галавой
Да лівонскіх сценаў.
У пазногціках лускі,
Быццам бы ў алмазах,
Каля берагу ракі
Нудзяцца баркасы.
Sveiki, Вентспілс! Цёплы дым
Нашае сустрэчы
Застанецца назаўжды,
Бо яшчэ не вечар...

3 сакавіка 2016 г.

---

* Sveiki (латв.) — прывітанне.

Пастух

Мой будзільнік новы — ранніх чаек енкі,
Цемра ледзь адхлыне — налятуць яны
І рагочуць п'яна за вакном маленькім:
"Падымайся, дзядзька, адлятайце сны!"

Сонная Віндава дружна паліць печы —
Аж казыча ноздры дым альховых дроў.
Закідаю звыкла торбу я за плечы,
Ды — да рэчкі пасвіць гарадскіх кароў.

Ратушнаю плошчай, пляцам кірмашовым
Грукаюць абцасы, брукаванку гнуць...
Раніцы пагоднай вам, мае каровы,
Так карціць мне з вамі мурагу скубнуць!

Не стагніце чайкі, не шыпіце гусі:
Як завершу цалкам службу пастухом —
Тутака ж вярнуся я да Беларусі,
Дзе мае каровы, дзе мой родны дом.

4 сакавіка 2016 г.

Ча-ча-ча...

Славаміру Адамовічу

Я не ведаю,
як стракоча кулямёт Томпсана
ў закрытай прасторы...
што ж рабіць, ці ў Чыкага
морам падацца,
ды там і застацца,
на скатабойні
з прастрэленым вухам і брухам,
з пустою абоймай? Жах!
Я таксама ня ведаю,
колькі спатрэбіцца спірту "Раялю",
каб плюхнула хваля
з Эмпайер Стэйт білдынг вышынёй.
Што рабіць, Божа мой!
Далучыцца веткай метро
да завода "Крышталь",
і зліваць спірт у ліфт?
Дык памрэ пан сахі і касы...
Гэта жах і шкандаль!
І яшчэ невядома мне, колькі гадоў
прусаку-вусачу церабіць Беларусь,
зневажаць свой бяскрылы народ...
Што рабіць? Можа ўлезьці ў Нацбанк,
каб на сціплы запас залаты
ў Камеруне прыдбаць касмалёт,
і адправіць на Марс вусача?
Гэта клас, гэта ўлёт!
Ча-ча-ча...

Сакавік, 2016 г.

Пятая цемра

пятая цемра з даху ільдзінай рыне на цела
якое скруціла-зматала начныя прасціны
цела маё барыкады са сну
збудаваць не паспела
вось і ляжыць яно зараз
у поце халодным і стыне
што, дагулялася ўрэшце?
цяпер во табе не прысніцца
бор над Дняпром, а ў бары —
асцярожныя рысі
крадуцца гэтыя коткі
нібыта сапёры па хрусткай ігліцы
гэтыя коткі нібыта царыцы,
а ты проста коўдрай укрыйся
ну дык ляжы, разважай пра смяротнасць,
пра сцены
межы якіх вывучаеш ты
з хуткасцю незразумелай
а за вакном —
рык трывожны мянтоўскай сірэны
фініш: я цэлюся трапна ў сваё
неслухмянае цела.

5 сакавіка 2016 г.

Як памірае Менск

Пульхныя белыя пальцы "паркерам" машуць,
Цэляцца ўніз А-чацвертай,
                      з пячаткай, паперы.
Подпіс узнік, і зайшла сакратарка Наташа,
Разам з аўтографам выйшла,
                      і войкнулі дзверы...

Гэта пачатак працэсу,
                      які назавуць ушчыльненнем
Некалі ўтульнага цёплага мікрараёна.
Гнюсны гатэль праектуе праплачаны "геній"
Проста ля Свіслачы ў парку,
                      нядаўна зялёным.

Гэта забойства фінал,
                      бо ад Менску душа адляцела
Крыху раней, ну а зараз чарговы чынуша
Стэрылізуе парэшткі, каб горада цела
Анатаміраваць цалкам,
                      адрэзаўшы пальцы і вушы.

5 сакавіка 2016 г.

Адлюстраванне

Нібыта ў сне рыбацкім, бачу я адлюстраванне
Душы захлёбістай,
              што ўсё яшчэ ляціць да зор:
На дне — пясок і водарасцяў п'янае хістанне,
і цень вялікай рыбіны ўздымае з дна віхор.
Вада падманвае, выявы рэчаў размывае,
Здаецца, там, на глыбіні, таемны дзіўны сад...
А там — каменьчыкі блішчаць
              і перліна старая,
Усё, што звалася душою шмат гадоў назад.

6 сакавіка 2016 г.

Зона мутацыі

Аўтобус спыняе памежнік
з зоркамі на плячах і рацыяй:
Attention! Памежны кантроль!
Падрыхтуйце свае пашпарты.
Чаму і навошта вяртаюся я ў Беларусь, зноўку
ў зону мутацыі,
Няспыннай кастрацыі мозгу
ўжо дваццаць і хутка яшчэ два гады.

А што гэта ў Вас?
— Супрацьгаз.
— Не паложана!
— Як жа быць з вірусам?
Мне кажуць, "хвароба" тут нейкая "косіць"
нават здаровых людзей.
— Падкопы Абамы, лухта, прапаганда,
ды ты ж беларус і сам,
Павінен жа ведаць, што ў нас тут стабільнасць,
і жыць весялей.

Праехалі ў зону, за вокнамі —
вечная бітва аграрыяў:
На снезе — ячмень і надрыўна ў балоце
равуць трактары.
Смакуюць "вінцо" пад кавярняй дарожнай
мясцовыя пары,
Ленін бязвокі кепкай махае
кудысці ў бок "светлай зары".

На "Опелі" гома савецікус гоніць,
на шкле — профіль Сталіна,
Сталіца наперадзе — горад,
дзе я нейкім чынам жыву,
Дзе столькі маіх спадзяванняў на шчасце
раструшчана, спалена...
Я ў зоне мутацыі!
Скотчам абмотваю галаву.

Сакавік, 2016 г.

Цень

> *А каб ты свайго ценю*
> *не бачыў!*
> (Праклён беларусаў)

Учора я згубіў свой цень і не заўважыў,
Ці то як берагам ішоў, ці то на пляжы.
Спачатку весела было — вось гэта страта:
Згубіць свой цень!
                Хоць і раней губляў багата —
Ключы, гадзіннікі, сяброў і грошай жмені...
А потым потам паплыло — а як без ценю?
Бо ён жывы, ён, як душа, са мной да скону,
А, можа, нехта яго скраў? А мо ў палоне?
Ці, можа, цень мой захварэў,
                    упаў дзесь мёртвы?
Я чуў, што можна цень прадаць
                          самому чорту?
Нервова шнырыў па дварах, шукаў употай,
Ляпіў абвесткі, абяцаў за цень банкноты...
Што ні рабіў, дзе ні шукаў — ды толькі марна.
Цяпер выходжу па начах, ці калі хмарна.
Як той пугач, па цемры я лячу маркотны...
Якая ганьба цень згубіць свой незваротна!

6 сакавіка 2016 г.

Ізноў тут туман

Ізноў тут туман і хмарна…
з мора імжа наляцела
цьмянае сонца зеўрае
манетаю ў палову еўра
пругкім жыватом цяжарнай
памаранчам яшчэ няспелым

Вежаў лівонскіх галовы
храмаў спічастыя дахі
колкім туманам імглістым
з'едзены сёння дачыста
рэхам — гук словаў новых
карыцай і кменам пахкіх

Неба казычуць на ўскрайку
дрэвы без вершалінаў
шпілі ў форме эрэкцыі
я — бо няма дзе падзецца
вострымі кіпцямі чайкі
коміны даўкім дымам

Бровы брунатных даховак
вочы дамоў прымружаны
гэтакай негасціннасці
нават туману не вынесці
вянуць пакорліва словы
нерасквітнелымі ружамі

8 сакавіка 2016 г.

Рэканструкцыя

Пэўна, пачну рэканструкцыю памяці з дроў,
З маці, якая іх ранкам прыносіць у хату.
Вось ужо, чуеш: у печцы шалёна зароў
Вогненны звер і мацней пахне
                               сушанай мятай.

Круцяцца побач заўсёды рудыя каты.
Я дамалёўваю з бульбай прарослаю кошык,
Водбліскі полымя, што гоняць цемру ў куты,
Потым дадам цішыні,
                 гэткай простай раскошы.

Глянеш, нібыта ў якім запаволеным сне,
Як павучок апускаецца ціха са столі.
Дрэмлюць спакойна выявы святых на сцяне:
Мне падаецца, іх стала на некалькі болей.

Кнігі маленства, і вось яшчэ —
                          бацькаў партрэт,
Ён — як жывы, найвышэйшага
                          хлопец гатунку...
Мусіць, усё, аднавіў неіснуючы свет,
Ды не знайшоў больш сябе
                      я на гэтым малюнку.

10 сакавіка 2016 г.

Тры каменьчыкі

Сёння з морам развітаўся,
Тройчы з ім пацалаваўся,
Хвалі тры абняў рукой,
Твар абмыў вадой марской,
Тры каменьчыкі падняў,
Тры жаданні загадаў.
Першы — белы, як ільдзіна:
Каб дабрацца да радзімы,
А другі — зусім стракаты,
Каб пабачыць сваю хату.
Трэці — за вагонь ярчэй,
Каб сустрэць цябе хутчэй!

12 сакавіка 2016 г.

Прыходзіць чорны кот

Рудзісу

Апоўначы з двара цішком сыходзяць дрэвы,
Прыходзіць чорны кот з брыльянтамі ў вачах,
Ён не фанат начных юрлівых спеваў —
Тутэйшы гэта спавядальнік і манах.
Гербарый леташняй травы ледзь-ледзь дурманіць,
Траскуча шамацяць над брамаю плюшчы...
Сядзім з катом удвух, вярэдзім ціха памяць,
Так хораша сумовіцца с катом сярод начы.
Кот плёў гісторыі, мурлыкаў мне пра здані,
Якіх багата тут, у сховішчах муроў...
Вось дрэвы да двара вярнуліся пад ранне,
А кот-манах, падняўшы горда хвост, сыйшоў.

13 сакавіка 2016 г.

Дарожныя мроі

Вярнуся і я дадому
Калісьці з вандроўкі дальняй,
Халацік, такі знаёмы,
Сустрэне мяне ў вітальні.
Каленкі мільгнуць ласкава, —
Не будзе больш рэвалюцый!
Сагрэюцца вусны кавай,
А рукі вузлом сплятуцца.
З табой на падушцы — крута!
Кручуся ўюном, юлою...
Мне сёння нават цыкута —
Будзе вадой святою.
І наша цікаўная котка
Не стоміцца з нас дзівіцца:
Праводзіла ў шлях малодка,
А сустракае — царыца...
Вярнуся і я дадому
Калісьці з вандроўкі дальняй,
Халацік, такі знаёмы,
Сустрэне мяпс ў вітальні.

14 сакавіка 2016 г.

Post scriptum

Іду зжаўцелай паперай пяску да мора,
Капытамі б'е ў галаву мне сонечны конь —
Баюся, што ўспыхнуць магу,
                        згарэць, бы порах,
Тады не ўратуе і ўзнятая ўвысь далонь.

У пральнай машыне мора круцяцца мары,
Змывае вада сумненні і плямы праблем...
А з шумай марской сыходзяць
                        думак пачвары,
Пакінуўшы мора, як самы галоўны мем.

Зацішша ў душы, на Балтыцы аж пяць балаў,
Баранчыкі хваляў зблыталі з пашаю пляж...
Напэўна, морам-хірургам, хутка і ўдала,
Завершаны будзе мозгу майго дэмантаж.

                                            15 сакавіка 2016 г.

Прыйдзе нехта новы

Анатолю Сысу

Пад гарой, у чэзлым лазняку
Звыкла прахрыпіць груган малітву,
Шугане кудысьці за раку
Ці на баль паганскі, ці на бітву.
Пад гарой ільюцца туманы, —
Хутаюць Дняпро халодным пледам...
Брохне сом, вярнуўшыся з вайны
З маладым нахрапістым суседам.
На гары — бярозы на вятры,
На гары — вясковая гамонка,
Там гырчаць на пеўняў трактары,
Дварнякі адбрэхваюцца звонка.
На гары, Гарошкаўскай гары,
Спіць Паэт і чуйна ловіць словы,
Каб пазнаць:
вярнуліся сябры,
Каб усцешыцца,
што прыйдзе нехта новы...

24 кастрычніка 2015 г.

Уцякаю

Уцякаю ад вай-фаю, скайпу,
мэйла і фэйсбука,
Кіну ўсё, хоць ненадоўга,
ды на Лысую Гару...
Пад'ядаць шпінат са шчаўем,
і смарчкі-страчкі з латукам,
Там дажджамі буду мыцца,
там пад Сонцам загару.
Там — магнат я і гуру.

Уцякаю ад маршрутак,
ад метро, і ад трамваю,
Каб нагамі перамераць
шлях адгэтуль і туды,
Дзе казыча вецер ноздры,
дзе адчайны птах спявае,
Дзе хіба ўначы прысняцца
нашы лёсы-гарады...
Шклобетонныя сады.

2015 г.

Жанчына і дождж

Мокне-плача сумны сумнік
                пад дажджамі і сцяжына
То схаваецца ў падлеску,
                      то вужакаю заўецца...
За дажджамі, за лясамі,
                недзе там ня спіць жанчына;
Я здалёк яе бяссонне адчуваю
                хворым сэрцам.

Покуль сонца прадзярэцца
                скрозь упартую аблогу,
Невядомая, чужая, будзе мроіць пра былое.
Знойдзе ўрэшце і сцяжына
                шлях да ходжанай дарогі,
Па якой аднойчы пройдуць
                агаломшаныя двое.

У дажджах вядзе-ратуе невядомае імкненне,
Я, здаецца, змог бы бегчы лёгка
                аж да небакраю.
Што мне зараз сумны сумнік,
                што разгубленыя цені!
Мы ідзем, мая жанчына,
            мы з дажджом цябе спаткаем.

Верасень, 2016 г.

* * *

Нібы змораныя сонцам
     беспрытульныя сабакі —
На старым Заслаўскім
     тракце паваліліся асіны...
Ім віхуры-завірухі ды дажджы даліся ў знакі,
Ім маланкі пасмалілі заліхвацкія чупрыны...

Мутнай восеньскай крывёю
       набрынялая лістота
Валацугаў падарожных
     яркай барвай спакушае.
Тут шукаць цяпер дарэмна
      першароднай адзіноты,
І трывожных перашэптаў
      лісцяў колішняга гаю.

Тут схавацца немагчыма
     ад нікчэмнай мітусніны,
І трывожна — быццам нож мне —
     сярод ценяў запусцення
Зарастаюць палынамі і ссівелаю ажынай
Скамянелыя асіны...
     пабялелыя бярвенні...

На мяжы каля Заслаўя,
     на сцяжынах занядбаных,
Ні табе якога следу, ні асіннікаў вячыстых...
Паляглі асіны ўпокат, нібы ў бітве партызаны,
Нібы іх знявечыў злосны
     і пакрыўджаны нячысцік.

Кастрычнік, 2016 г.

Толькі вярніся!

Лютаўскай поўні святло
     разлілося ў пакоі на Гая,
Потам халодным сплыло
      па прасцінах і целе...
Мора чароўнае сніць і ляціць да яго мая Галя,
Поўня, а я? Мы ж абодва не ценяў,
      а мора хацелі...
Мудрых тамоў піраміды
     і слаўныя продкаў выявы
Хвалямі холаду, пырскамі ценяў
      і плынямі пылу
Білі, кулялі, цягнулі на чорнае дно...
      толькі плаваць
Морам такім не стае мне
     ні ўмельства, ні сілы.
Галя, таплюся! Пазбаў мяне помсты
     раз'ятранай поўні,
Вось каб заснуць,
    хай прысняцца дняпроўскія рысі,
Новыя мовы прысняцца і вершы,
     і тысячы слоў мне,
Толькі вярніся... Толькі вярніся... Вярніся.

2016 г.

Цагліны

Перш чым цагліна злучыцца з мурам —
муляр вачыма яе распране,
вывучыць пільна цагліны натуру,
перш чым цагліна спачне ў сцяне.
Кратае муляр другую цагліну,
нібы каштоўную рэдкую рэч...
І адкідае яе праз хвіліну,
як непатрэбшчыну, некуды прэч.
Так вось і Творца людзей аглядае —
вырабы з гліны з падмесам душы.
Ды прыстасоўвае, не адкідае —
каб усялякі дабру паслужыў.

2016 г.

Два сярпы

Сярпы за плячыма — яшчэ не прычына
Няўмольны зыход планаваць...
Яшчэ ёсць найлепшая ў свеце жанчына,
Што ўмее караць і кахаць.

Яшчэ засталіся пякучыя словы
Нянавісці і дабрыні,
І ў кучарах шэрані шчэ напалову,
І ў позірку палкім — вагні.

Яшчэ засталіся хрусценне ігліцы,
І рысі-царыцы ў бары...
Яшчэ могуць студзеньскай ноччу прысніцца
Дняпро, і наш дом на гары.

Сярпы за плячыма — хіба што нагода
Зірнуць хітравата назад.
І жыць апантана, і йсці з асалодай
У свой залаты лістапад.

26 студзеня 2017 г.

Шэры чалавек

Шэры ранак зубы шчэрыць,
З-за фіранкавых павек.
Ходзіць шэры па кватэры,
Шараговы чалавек...
Шуснуць з дому ціха ў шэрань,
У цямрэчу дрэў старых,
Шэры шалік, швэдар шэры...
Як і не было тут іх.

Студзень 2017 г.

Травяны сон

Удзірванець, суцішыцца ў траве,
Суздром пазбыцца зла, пачуццяў, словаў...
Завекаваць і верыць: нехта пазаве
Мяне скрозь дзёран прарасці нанова.
З малітваю да травяных багоў,
Праз карані, бадылле і атаву,
З палону кучаравых мурагоў
Паўстану зноў спагадным і ласкавым.

2017 г.

Адмоўлена

А ты не верыш, думаеш, што сніцца,
Што вось, расплюшчыш вочы і міне...
"Адмоўлена ў жыцці", прысуд, вязніца,
І ў сэрцы боль пякучы палыхне.

Як чуйна слых свідруе сутарэнне,
Жахаецца, пачуўшы крок цяжкі,
Ці ляск дзвярэй, ці ветру шум вясенні...
Ідуць за мной, каб звесці на вякі?

Ды не, ня можа быць! Яшчэ надзея
Ледзь кволіцца ў загубленай душы.
Дарэмна... Кат аплёўся партупеяй,
Каб зноў зрабіць сваё і зноў зграшыць.

Трымціць душа ў бетоннай дамавіне,
Халодных слёз зіхценне з-пад павек.
У дрогкім сне — крывавая каліна,
Ды маці, што сыйшла адсюль навек.

У асвятленні цмяным павуцінне
Раптоўна выхапіць на столі зрок.
Там нехта ёсць жывы... ага, скажы мне:
"І ты бяссоннем хворы, павучок?"

А ты не верыш, думаеш, што сніцца,
Што вось, расплюшчыш вочы і міне...
"Адмоўлена ў жыцці", прысуд, вязніца,
І ў сэрцы боль пякучы палыхне.

2018 г.

Туманом накрыла далягляды

Лета ў дол лістотай падае імкліва,
Заціраюць ласцікам фарбы туманы.
Пад нагамі хрупаюць чаўленыя слівы,
Кружаць голаў п'янкім водарам яны.
А на ўскрайку вёскі — дзікія аджыны
Палымяным лісцем вабяць зрок здалёк.
Не, не стану збочваць з роснае сцяжыны,
Пашукаю лета… паскараю крок…
Зябка ды паныла стала на абшарах,
Дзе зусім нядаўна лётаў матылём.
Сонца праглынулі восеньскія хмары,
Разганюся зараз і ўзмахну крылом!
З шэрае юдолі, адзіноты лютай,
Далячу ды ўпаду ў сонечны разліў,
Дзе не будзе болей тумановых путаў,
Ды хрумсцення п'янкага пад нагамі сліў…

Верасень, 2018 г.

***

Чаму не ў час каліна чырванее?
Яе вагонь у жніўні недарэчны...
Яшчэ паўсюль гуллівыя касмеі,
Яшчэ не час ляцець да зор, у вечнасць.

Паіў і песціў, марыў разам з ёю,
І шанаваў бялюткі квет прыўкрасны...
Цнатлівы куст, апырсканы крывёю,
Не спапяляй жыццё маё заўчасна...

10 жніўня 2018 г.

Бо

Бадзяцца крывымі вулкамі
Мястэчка забытага Богам
Нязбытная зараз раскоша
Бо
Ніколі ня ўведаеш пэўна
Хто цябе там перастрэне
Куды цябе выведзе цень
Бо
Часам і цені знікаюць
А потым, за ценямі, людзі
А раптам ты згубішся сам?
Бо
Знікнуць раптоўна — кайфова
Каб спарадзіць таямніцу
Пра свой недарэчны зыход
Раскоша
Крочыць
Крывымі
Бо

2018 г.

* * *

Сяргею Верацілу

Разбягаюцца па снах
Непражытыя імгненні,
Успацелых апранах
Ускудлачаныя цені...
Месяцовае святло
Нішчыць прывідныя мроі —
Сніш пра тое, што было
З дзіўным казачным героем.
Вось каб жыць — нібыта ў сне —
У палёце небывалым,
Каб не цені па сцяне,
А вагнём жыццё палала.

2019 г.

Пятаю вясною

Паэту Ярылу Пшанічнаму

Морам нарачанскім
капішчам паганскім
смарагдавым мохам
прастую патроху...
Пятаю вясною
цемраю лясною
хмызняком чарнічным
да цябе, Пшанічны...
Да цябе, Ярыла,
да тваёй магілы...
сумна, мусіць, браце,
Спаць у цеснай хаце?
доўга ж я збіраўся
кляў сябе і кляўся
выбрацца ў Кабыльнік
на стары магільнік.
Ведаеш, Валодзя,
вершы ўжо не ў модзе,
не ў фаворы людзі,
шмат вакол паскуддзя.
мне, хаця і мала,
зла перападала
толькі невядома:
дзе лацьвей, дзе дома?
Шызаю лагчынай
непраходнай глінай
са слязьмі і стомай
я пайду дадому...

*Нарач,
сакавік 2020 г.*

Тры вады

Нібыта вада, веснавая, вірлівая,
Яна праганяе мой прывідны сон.
Абуджаны хвалямі ў сне пералівамі
За ёю бягу ручаём наўздагон...
Схаваецца ў цемры, каб потым напоўніцу
Хлынуць па целе халодным маім...
І потам самоты прасціна напоўніцца
У ложку даўно напалову пустым.
Пад покрывам нечага чорнага-зорнага
Чакаю цябе... і жыцця не шкада.
Засмокча няхай і мяне непакорнага
Балотнае багны густая вада...

Купа,
3 сакавіка 2020 г.

* * *

Цягнікі знікаюць у тумане
часам незваротна, на вякі...
на пероне нашага растання —
думак пахавальныя вянкі.
Ліхтары апошняга вагона
Кінуліся ў цемрыва наўскач
У пячоры стылага перона
Маё сэрца чорнае — паплач!
На хвіліну ўспыхне цыгарэта
дым яе гаркавы як падман...
Знік цягнік, перон, і я без мэты...
у туман сыходжу, у туман.

2020 г.

Чорныя Каляды

Зялёнае сэрца

На досвітку шызым,
найгоршаю з зім,
пад змятай падушкаю,
мулкай і колкай,
намацаю я і збяру па адным
шэсць каляровых алоўкаў.
На канціках — бляклая літар змяя:
"Завод імя Сакка й Ванцэцці".
Адкуль тут яны, дзе і сам я ці я,
дзе цуды зрабіліся мітамі ў свеце?
Паперы ліст жоўтым алоўкам — наўскос,
чырвоны ў руках — Віфлеемская зорка...
Шкада, што зламаны ў сіняга нос —
І неба ня будзе, хіба што пагоркі.
Наступны аловак — дальбог, кіпарыс,
авалы выводзіць і пальцы міжволі,
малююць збалелага сэрца абрыс,
зялёнага сэрца з голкамі хвоі...

5 студзеня 2020 г.

Каштаны

Прысвячаю Д.П.

Можаш ня верыць мне,
    можаш казаць, што ты блазан, Сяргей,
Воля твая, я зусім не анёл,
        я даўно маю безліч заганаў...
Толькі тое, што ты палічыла сваім —
            не належыць табе:
Я пра тыя, на стосіку кніг, тры сухія каштаны.
Ты мне шчыра скажы,
        хоць калі ў сваіх казачных снах
Ці пакратала іх, адчувала хоць раз
                патаемную сілу,
Моц, якая вясной раздзярэ
              цяжкі груз апранах,
Каб на свет нарадзіўся
          расточак пяшчотны і мілы?
Тры каштаны — мае, можаш іх зберагчы,
Можаш згрэбці рукою дадолу, канечне.
Усё роўна яны мне
        аднойчы прысняцца ўначы,
І яны, нібы ты, застануцца са мною навечна.

8 студзеня 2020 г.

Узнясенне

За каменнымі мурамі,
за калючымі дратамі
ланцугі ірвуць аўчаркі
за тыбетамі муроў,
за каменнымі мурамі,
паміж сёстрамі-братамі —
за калючымі дратамі —
міласэрнасць і любоў.
За калючымі мурамі
словы выткуцца ў кілімы,
думкі снегам першародным
лягуць зграбным палатном.
За каменнымі дратамі
пралятаюць нашы зімы,
зімы, што аднойчы стануць
недарэчным дзіўным сном.

9 студзеня 2020 г.

* * *

Поўня-панначка, госця жаданая,
Ты між хмар так пабліскваеш блізка,
Можа ўкрыемся сёння туманамі,
Ды палётаем па-над Мінскам?
Горад вабіць неонам і гоманам,
З вышыні ён такі дружалюбны...
Праплыві ля вакна майго цёмнага,
Спапялі краты-засаўкі, любая.
Пачакай жа, не хутайся хмарамі,
Паляцім, і не скажам нікому,
Як наш Мінск дагарае пажарамі,
Як балюча вяртацца дадому...

10 студзеня 2020 г.

Змест

ЧОРНЫ ПЛЕД	3

1. Выгнаннік

***Стаўлю кропку нетаропка...	16
***З Дняпра пачынаецца час...	17
Ля вогнішча ў смаленскім лесе	18
***Закапаю на полі ў раллю...	19
Мураш	20
Vivo et spero	21
Пабег	22
***Калі можаш — даруй мой Калінавы мост...	23
Сыход	24
***Ака чароўная вужакаю віецца...	25
***Крэсляць неба жнівеньскія знічкі...	26
***Плывеш, плывеш, а берагу няма...	27
***Пасля блуканняў зорных...	28
У Сейме	29
***Лёс каварны падкінуў кульбіт...	30
Арэлі	31
Гатэль "Украіна"	32
Забойца сноў	33
Карпацкая поўня	34
***Панад вадаспадам разгульвала поўня...	35
Дом	36
Не памерці баюся — змагчы...	37
Туман над Прыпяццю	38
Катастрафічна	39
Dark love	40
***Зорачка халодная і кволая...	41
Трансцэндэнтальнае	42
***Хочацца сказаць аб тым, пра што не кажуць...	44
***Высака, аж над аблокамі...	45
За дзень да вайны	46
Трымаемося!	47

***Усё было ўжо...	48
Я вірю!	49
Фрагменты	50
***А дома зямля чакае...	51
У кожнага свая турма...	52

2. Віленскі цыкл

***Стаіўся страх у квецені вясновай...	54
Уля, няма ў мяне вершаў пра Вільню	55
Дарога пад сонцам	56
Рабінавы верш	57
Вільня. Прымірэнне	58
Слівовы верш	59
Увінчуся ў шалік шэры	60
Антыверш	61
***Здзівіць вас чым магу...	62
Шоргат лісцяў	63
Рэха на ўскрайку Беластока	64
Арытмія	65
Мы паспеем яшчэ	66
Вучнёўства	67
***Ты сыходзіш з кватэры на прыцемку, рана...	68
У тумане	69
***Засынаюць без мяне сады на Палессі...	70
Невылечнае-вечнае	71
Ты ведаеш, як без цябе?	72
Сонечная сінхранізацыя	73
"Я віно з Тваёй скуры спіяла"	74
Чужыя снягі	75
***На тваіх, галуба, фотаздымках...	76
Без сонца	77
На дне	78
неКалядная казка для не ўсіх	79
***Енчыў, што халодна тут і стыла...	80
Ілюзія датычнасці	81
Кую, кую ножку...	82
Жар-птушка	83
Скажы: нашто табе Літва?	84
Я мог бы закахацца ў Беласток...	85
Вайна пад бел-чырвоным сцягам	86
***А што яшчэ трэба вам ад мяне...	87
***Вымкнуў вочы з кубачка ранішняй кавы гаркавай...	88
***Гэты ранак асаблівы...	89
Дачакайся, родная, мяне	90

3. Узнясенне
    Ліст паэту Верацілу з Лысае Гары   92

Хроніка халоднага мола
    Я скраў вясну   94
    Адзін   95
    Sveiki   96
    Пастух   97
    Ча-ча-ча...   98
    Пятая цемра   99
    Як памірае Менск   100
    Адлюстраванне   101
    Зона мутацыі   102
    Цень   104
    Ізноў тут туман   105
    Рэканструкцыя   106
    Тры каменьчыкі   107
    Прыходзіць чорны кот   108
    Дарожныя мроі   109
    Post scriptum   110
    Прыйдзе нехта новы   111
    Уцякаю   112
    Жанчына і дождж   113
    ***Нібы змораныя сонцам...   114
    Толькі вярніся!   115
    Цагліны   116
    Два сярпы   117
    Шэры чалавек   118
    Траяны сон   119
    Адмоўлена   120
    Туманом накрыла далягляды   121
    ***Чаму не ў час каліна чырванее...   122
    Бо   123
    ***Разбягаюцца па снах...   124
    Пятаю вясною   125
    Тры вады   126
    ***Цягнікі знікаюць у тумане...   127

Чорныя Каляды
    Зялёнае сэрца   129
    Каштаны   130
    Узнясенне   131
    ***Поўня-панначка, госця жаданая...   132

Сяржук Сыс

Паэт, праваабаронца, журналіст і перакладчык. Нарадзіўся ў 1962 годзе на Гомельшчыне.

У 1979 годзе паступіў на гісторыка-філалагічны факультэт Гомельскага ўніверсітэта. Вучыўся разам з Алесем Бяляцкім, Эдуардам Акуліным, Анатолем Сысам.

Выкладаў беларускую мову і літаратуру. Працаваў журналістам у многіх беларускіх выданнях і ў рэкламных кампаніях. З 2007 года далучыўся да дзейнасці Праваабарончага цэнтра "Вясна".

У цэнтральным друку дэбютаваў у 1986 годзе паэтычнай падборкай у часопісе "Маладосць". Быў сябрам Таварыства маладых літаратараў "Тутэйшыя". Друкаваўся ў рэспубліканскіх і замежных выданнях; аўтар шматлікіх калектыўных зборнікаў і анталогій, а таксама кніг паэзіі "За трапяткім матыльком кахання" (2000 г.), "Стрэмка" (2011) і "Павук" (2014). Лаўрэат прэміі "Залаты апостраф" (2008), пераможца Мінскага фестывалю аднаго верша (2009).

Творы перакладаліся на дзясяткі еўрапейскіх моў.

Сябра Саюза беларускіх пісьменнікаў, Беларускай асацыяцыі журналістаў і Беларускага ПЭНа (цяпер — ліквідаваныя).

Па прычыне крымінальнага пераследу ў Беларусі з-за праваабарончай дзейнасці быў вымушаны пакінуць краіну.

www.ingramcontent.com/pod-product-compliance
Lightning Source LLC
Chambersburg PA
CBHW072057110526
44590CB00018B/3218